MEMÓRIAS DE UM GUERRILHEIRO

Editora Appris Ltda.
1.ª Edição - Copyright© 2020 dos autores
Direitos de Edição Reservados à Editora Appris Ltda.

Nenhuma parte desta obra poderá ser utilizada indevidamente, sem estar de acordo com a Lei nº
9.610/98. Se incorreções forem encontradas, serão de exclusiva responsabilidade de seus organi-
zadores. Foi realizado o Depósito Legal na Fundação Biblioteca Nacional, de acordo com as Leis nos
10.994, de 14/12/2004, e 12.192, de 14/01/2010.

Catalogação na Fonte
Elaborado por: Josefina A. S. Guedes
Bibliotecária CRB 9/870

	Albuquerque, Mário Pimentel
A345m	Memórias de um guerrilheiro / Mário Pimentel Albuquerque.
2020	1. ed. - Curitiba : Appris, 2020.
	143 p. ; 23 cm – (Artêra)
	Inclui bibliografias
	ISBN 978-65-5523-381-0
	1. Ficção brasileira. I. Título. II. Série.
	CDD – 869.3

Appris *editora*

Editora e Livraria Appris Ltda.
Av. Manoel Ribas, 2265 – Mercês
Curitiba/PR – CEP: 80810-002
Tel. (41) 3156 - 4731
www.editoraappris.com.br

Printed in Brazil
Impresso no Brasil

Mário Pimentel Albuquerque

MEMÓRIAS DE UM GUERRILHEIRO

FICHA TÉCNICA

EDITORIAL
Augusto V. de A. Coelho
Marli Caetano
Sara C. de Andrade Coelho

COMITÊ EDITORIAL
Andréa Barbosa Gouveia (UFPR)
Jacques de Lima Ferreira (UP)
Marilda Aparecida Behrens (PUCPR)
Ana El Achkar (UNIVERSO/RJ)
Conrado Moreira Mendes (PUC-MG)
Eliete Correia dos Santos (UEPB)
Fabiano Santos (UERJ/IESP)
Francinete Fernandes de Sousa (UEPB)
Francisco Carlos Duarte (PUCPR)
Francisco de Assis (Fiam-Faam, SP, Brasil)
Juliana Reichert Assunção Tonelli (UEL)
Maria Aparecida Barbosa (USP)
Maria Helena Zamora (PUC-Rio)
Maria Margarida de Andrade (Umack)
Roque Ismael da Costa Güllich (UFFS)
Toni Reis (UFPR)
Valdomiro de Oliveira (UFPR)
Valério Brusamolin (IFPR)

ASSESSORIA EDITORIAL
Renata Cristina Lopes Miccelli

REVISÃO
Andrea Bassoto Gatto

PRODUÇÃO EDITORIAL
Lucas Andrade

DIAGRAMAÇÃO
Daniela Baumguertner

CAPA
Eneo Lage

COMUNICAÇÃO
Carlos Eduardo Pereira
Débora Nazário
Kananda Ferreira
Karla Pipolo Olegário

LIVRARIAS E EVENTOS
Estevão Misael

GERÊNCIA DE FINANÇAS
Selma Maria Fernandes do Valle

COORDENADORA COMERCIAL
Silvana Vicente

AGRADECIMENTOS

Agradeço a Deus, que, em Sua infinita sabedoria, pôs força em meu coração e luz na minha mente para que eu realizasse esta tarefa sem desfalecer.

Agradeço à minha mulher, Luciana Farah Albuquerque, que jamais me negou apoio, carinho e incentivo.

APRESENTAÇÃO

O século XX foi palco de numerosas convulsões políticas e sociais, muitas delas frutos de ideias dissolventes, propaladas por intelectuais engajados ou por agitadores profissionais. A guerrilha foi uma delas, talvez a mais característica, como pontualiza a presente narrativa.

Bem-te-vi, um dos protagonistas, descobre o segredo da Associação de Salvação Nacional (guerrilha chefiada por El Tigre) e se lança, com seus companheiros, numa luta desesperada, cheia de perigos e insólitas aventuras, em que o humor e a crítica se misturam, dando lugar a uma narrativa ágil, imaginativa e corajosa.

É um livro que agradará, certamente, ao leitor, por seu caráter revelador, humorístico e descompromissado.

SUMÁRIO

O SEQUESTRO...11

NO QG DA GUERRILHA...15

CONTINUAÇÃO DA AULA. O ENSINO DA
ANTROPOLOGIA SOCIALISTA...23

FINAL DA ENTREVISTA COM O CHEFE.......................33

A APRESENTAÇÃO DE ÂNGELO.....................................39

O JURAMENTO. INÍCIO DOS EXERCÍCIOS...............45

A OPERAÇÃO SAFARI..49

A CHEGADA DOS "CUBANOS".......................................55

UMA OPERAÇÃO ROCAMBOLESCA.............................61

A PRISÃO DE PICA-PAU..65

UM DISCURSO DE *EL TIGRE*..73

O JULGAMENTO DE CARCARÁ......................................77

A OPERAÇÃO DENTE POR DENTE...............................85

A PRISÃO DE CANÁRIO...95

A PARADA...101

UM ROUBO INOCENTE..107

A VIAGEM A CUBA...115

A REFORMA AGRÁRIA DE *EL TIGRE*.......................123

UMA GRANDE SURPRESA..131

CONCLUSÃO. UM JUÍZO ATUAL
DE FATOS PASSADOS..141

O SEQUESTRO

    Eu tinha 17 anos quando me apaixonei seriamente pela primeira vez. Ela era para mim a encarnação da pureza; seus cabelos negros e ondulados, sua boca casta e um olhar misterioso compunham, na minha imaginação, a imagem ascética e imperturbável das heroínas do céu. Minha mãe, porém, não podia admitir que eu me interessasse por uma mulher que tinha mais que o dobro da minha idade. Em vão, tentei convencê-la de que o verdadeiro amor leva em conta outros fatores, não necessariamente etários, e que, no meu caso, foram determinantes os físicos e os visuais.
    Dias depois, vencida a resistência materna, parti para São José do Rio Preto, onde, segundo uma revista masculina que patrocinava algumas beldades, minha rainha se apresentaria durante sete dias numa casa noturna da cidade.
    Eu estava certo dos meus sentimentos, afinal, as fotos mostravam que Valeska – este era o seu nome – possuía

todos os predicados que eu esperava encontrar na minha futura companheira. Mas será que eu a agradaria? Confiando nas minhas mais puras intenções e em alguns versos que fiz especialmente para ela, dirigi-me à praça central, onde ficavam os pontos de ônibus. Seguindo a orientação de um informante, postei-me numa das filas. O barulho era infernal: gritos, tosses e risos, como se sabe, são as formas usuais por que são denunciadas as violações dos direitos humanos que, neste caso, dizia-se, era de ir e vir, já que o atraso era de trinta minutos.

Incomodado com a algazarra, um senhor, à minha frente, exclamou em voz alta:

— Paciência, irmãos. Deveis saber que os últimos serão os primeiros.

Era um pastor luterano que acabara de pregar no centro da praça. Esquivando-se pra lá e pra cá a fim de manter sua Bíblia intacta, disse-me ele reservadamente:

— O povo de Deus, quando abandonou o Egito, produziu-se um tumulto semelhante. Foi preciso que Moisés interviesse para impor a ordem.

Eu somente ouvia suas intermináveis preleções, que pareceram atingir o grau superlativo da eloquência quando o pastor começou a falar das façanhas de Judas Macabeu.

— ... Ele era o braço que empolgava a espada da vingança.

E nada de ônibus por longos vinte minutos. Até que, precisamente no momento em que o servo de Deus ia demonstrar a falibilidade do Papa, o ônibus finalmente chegou. Nada ocorreu durante o nosso embarque que me parecesse estranho ou que pudesse ser considerado um indício do que estava por vir. Umas dez pessoas embarcaram e o coletivo partiu, balançando, rangendo, rateando, o que prova que os males da velhice atacam também os seres inanimados, principalmente no quesito que mais me interessava no momento: a velocidade. A lentidão era tanta que muitos dormiram e não perceberam que uma hora se passara desde que havíamos partido. Outros, como eu, suspeitaram que alguma coisa estava errada e começaram a protestar, ainda que timidamente. Eu procurava manter a calma, lendo e relendo os versos feitos para minha adorada, notadamente aqueles que mais pungiam o meu coração:

> ... Tuas mãos puras que jamais afagaram outra coisa que as flores primaveris...

Daí a pouco a situação se agravou. Os que dormiam, despertaram e subiram o tom do protesto, que então era geral e intimidador. Convencido de que não podia mais disfarçar sua intenção nem desconhecer a gravidade da manifestação dos passageiros, o motorista parou o veículo. Outros dois, que estavam na frente do ônibus, levantaram-se, ambos com fuzis, e gritaram:

— Todos sentados!

Um deles, que era jovem, parecia instruído e de classe média, disse:

— Os senhores estão sequestrados pela Aliança de Salvação Nacional, de modo que doravante ficam sujeitos às nossas ordens e hierarquia. Chegaremos ao nosso *QG* pela manhã, quando então todos receberão as instruções diretamente da boca de nosso chefe. Se se comportarem a contento ninguém se machucará.

As reações foram diversas e diversos também foram os motivos pelos quais cada um procurava se safar daquela situação extrema: uns se indignavam, exigindo liberdade imediata; outros choravam, suplicando, em nome de um parente idoso ou doente, sua própria liberação; o pastor, por sua vez, proferia anátemas contra os sequestradores: "Terão o mesmo fim de Nabucodonosor". Em vão, eu argumentei que se meus joanetes me impediram de sentar praça, certamente me impediriam de servir à gloriosa **A.S.N.** Depois, tentei ainda suborná-los com um cortador de unhas, presente da minha querida mãe. Nada. Nenhum expediente conseguiu demovê-los de sua posição intransigente, a não ser quando entrou dinheiro na história — essa exceção milenar que desconfirma todas as regras. Tratava-se de um sujeito engravatado, que supostamente embarcara por equívoco. Tirou de sua pasta envernizada um pacote de cédulas que foram contadas vagarosamente por um dos sequestradores. Em seguida, o ônibus parou para que o engravatado descesse. Fez-se um inesperado silêncio. Foi então que alguém bem próximo a mim murmurou:

— Essa gente guerrilheira adora Mamom.

Na época, não entendi o que significava aquela expressão do desiludido consorte. Hoje, compreendo-a muito bem...

O silêncio ainda persistia; dir-se-ia que uma expectativa, aliás muito remota, havia de que algum de nós pudesse fazer o mesmo, afinal, comprar a liberdade sempre foi o sonho de qualquer brasileiro. Mas ali estava à venda não a liberdade abstrata, a que bastava à Madre Teresa, mas a concreta, a que convém, por exemplo, ao Lula; entre uma e outra há a mesma diferença que existe entre uma santa e um delinquente: a primeira não tem preço, a segunda é caríssima. Por essa razão, desistimos de lutar pela liberdade e deixamos que o destino nos levasse até o *QG* da **A.S.N.**

NO QG DA GUERRILHA

Amanhecia, quando chegamos ao *QG* da **A.S.N.** A região era inóspita em todos os sentidos: quente, úmida, lamacenta e habitada por indivíduos de todas as cores e idades. Eu calculei aproximadamente cem homens vivendo ali: gente sinistra e de olhar inquieto: rostos de recém-indultados de pena de morte; caras frenéticas e corpos esquálidos, cobertos com trapos, que espalhavam no ambiente o cheiro fétido de suor impregnado. Era ali que teríamos de nos habituar a viver a partir de então.

Assim que nos sentamos num tronco contíguo ao que parecia ser uma sala de reuniões, deram-nos de beber e ficamos aguardando a entrevista com o chefe da guerrilha. Nesse meio tempo, percebi um entra-e-sai de pessoas que pegavam ou deixam coisas num barracão enorme e sem portas, feito de pedras e barro, cujo teto consistia apenas de folhas de palmeira. Ficou claro para mim que aquele lúgubre recinto nada mais era que o dormitório geral. Aproximei-me furtivamente da entrada e pude ver um amontoado grosseiro de beliches, colchões e esteiras, colocados assimétrica e estrategicamente, de modo a neutralizar as inúmeras goteiras, que formavam várias poças no chão imundo. Notei também que se formava fila diante de uma minúscula choupana, onde uma cortina tosca mal isolava a intimidade de indivíduos que já haviam perdido todo sentimento de pudor e dignidade. Era ali o banheiro coletivo: um espaço asqueroso e fecaloide, renhidamente disputado, nas primeiras horas da manhã, por um grupo insofrido de retardatários.

Eu ainda errava, explorando a região, quando soube da nossa convocação para a entrevista com o chefe da guerrilha. Um dos sequestradores veio ao nosso encontro e disse que tínhamos que acompanhá-lo até a residência particular de *El Tigre* – era assim que o próprio chefe queria ser chamado, para impor-se, como nos disseram, como caudilho e pai da pátria.

A casa estava instalada num vasto platô; era toda de alvenaria e totalmente cercada de abundante vegetação. Antes de chegarmos à soleira da porta, onde nos aguardava um gigante adiposo e mal-encarado, tivemos de passar por vários seguranças, todos eles armados até os dentes. Já no interior da casa, o gigante ordenou que sentássemos e aguardássemos até que o lazer favorito do Chefe, e seu hábito diário inarredável, estivesse concluído. Posteriormente viemos a saber que *El Tigre* era um entusiasta fanático dos filmes de caubóis norte-americanos, notadamente os protagonizados por John Wayne e Ronald Reagan.

Afinal, chegou o momento do nosso encontro com o Chefe. Ninguém conseguia disfarçar a ansiedade e o medo que nos assaltavam. O gigante, que parecia bastante conhecedor dos meandros que separavam a entrada da casa e a porta do Chefe, disse algumas palavras a um sentinela, que nos franqueou o vestíbulo de um pátio ricamente revestido de mármore, para o qual davam muitas portas. Nosso guia bateu três vezes numa delas, que estava entreaberta, e do interior do aposento veio uma voz rouca e dominadora:

— Entra!

Era o escritório de *El Tigre*, um homem jovem, seco e enérgico, com uma cicatriz na testa e vestido com uniforme militar. Usava uma boina preta, possivelmente para atenuar a marca da cicatriz, conquanto havia quem dissesse também que o uso da boina fazia-o assumir a personalidade de um ilustre revolucionário, a quem ele tributava uma verdadeira adoração. Não quis dizer-nos seu nome nem sequer perguntou os nossos. Limitou-se, à guisa de conversa preambular, a advertir-nos mui cortesmente que se algum de nós "abrisse o bico" sobre o que quer que fosse dito, visto ou ouvido dentro do QG, não viveria para testemunhar o triunfo da guerrilha. Obviamente, todos nós acatamos sem reservas a advertência feita. O Chefe, então, fez-nos sentar ao redor de sua mesa e disse:

— Penso que os senhores estão curiosos a respeito do que possa vir a acontecer-lhes aqui. Entretanto não constitui demasia da minha parte facilitar-lhes alguns esclarecimentos preliminares sobre o meu empreendimento, de modo que fique bem claro o papel que corresponderá a cada um no seio desta grande família que com muita propriedade alcunhei carinhosamente de *nec fides nec deo*. Os senhores sabem, certamente, que vivemos sob uma ditadura fascista que oprime, tortura e mata o trabalhador. Cada dia que passa aumentam a resistência à tirania e o desejo de vingança, que deve ser proporcional às ofensas recebidas e aos danos produzidos. Por isso, aumenta também o número de homicídios, porque a supressão de vidas humanas é um dos meios mais rápidos e eficazes para atingir o objetivo da guerrilha, que não é outro que depor tiranos. Lamento dizer-lhes que o Brasil nem se compara à capacidade letal de outros países, cujas guerrilhas foram muito mais eficientes nesse setor, a exemplo da U.R.S.S., que matou 70.000.000; a China, que executou 100.000.000; e até mesmo Cuba, que já despachou 100.000. Quanto ao Brasil, pesa-me dizer, somando as mortes de ambos os lados, o resultado não chega sequer a duas dezenas.

Nesse momento, notei que a inferioridade do Brasil nesse setor lhe havia produzido algo assim como um sentimento de inveja. Mas o Chefe se recompôs imediatamente e prosseguiu:

— Minha meta, como podem ver, é tornar este país mais competitivo e menos amador nessa arte milenar. Muitos camaradas somente conseguem ferir, e às vezes levemente, seus objetivos humanos; outros deixam marcas manifestas no local da operação, sem falar do contingente, expressivo, que não é capaz de esconder os cadáveres nem sequer de se esquivar da captura. Trata-se quase sempre de jovens capazes, mas inexperientes e ignorantes, que não sabem e provavelmente jamais chegarão a saber que o terrorismo, em todas as suas modalidades, é uma obra de arte que pode ser realizada com métodos científicos. A **A.S.N.** tem isto que a diferencia das outras coirmãs: ela prepara seus próprios membros. Não é necessário enviá--los à U.R.S.S. ou à China. Aqui mesmo proporcionamos a instrução profissional e o adestramento prático a todos os jovens que querem consagrar-se à arte do terrorismo e que até hoje estavam abandonados a receitas amadoristas e a fórmulas de um empirismo precário, ensinadas por gente incompetente e ignorante que, infelizmente, para a nossa causa comum, chefia organizações guerrilheiras no centro, sudeste e nordeste do país. Se depender desses boçais estabanados, o comunismo jamais se instalará no Brasil.

Todos nós nos entreolhamos em silêncio, suspeitosos do rumo que a conversa ia tomando. O pastor, percebendo que sua Bíblia corria grande risco, procurou ocultá-la como pôde. O guerrilheiro prosseguiu:

— Em média, os cursos aqui duram um ano, porque as matérias são muitas e os estudos são específicos para cada área, se bem que há matérias comuns para diversas áreas, como a Psicologia da Fraude e do Estelionato, que é direcio-nada a jornalistas, intelectuais em geral, pedagogos e esta-tísticos, os quais vêm sempre aqui para se reciclarem. Há a cadeira de Anatomia Humana, ocupada por um médico evadido recentemente de um presídio no interior de São Paulo, e que é utilíssima para o conhecimento dos órgãos vitais vulneráveis, cujas lesões são fatais. Existe também a cadeira de Toxicologia, para aqueles que preferem servir-se de venenos de efeito seguro e imediato com a máxima garantia de impunidade. Não podia faltar, evidentemente, a cátedra de Balística, Bombas e Gases, na qual se ensina tudo o que se relaciona a armas de fogo, explosivos, pastas e gases asfixiantes. A importância dessa cadeira pode ser avaliada pelo alto grau de profissionalismo do pessoal formado nela. Jamais um de nossos alunos cometeria uma tão imperdoável falta técnica como a que cometeram os patéticos terroristas do Rio de Janeiro. Eles eram mais

MEMÓRIAS DE UM GUERRILHEIRO

movidos pelo desejo de matar por vingança do que de alcançar o objetivo que se perseguia com a morte. Vale registrar também que a sequência – armas de fogo, bombas e gases – obedece a uma ordem de preferência, segundo a qual é preferível utilizar armas de fogo a bombas, e estas a gases, visto que admitimos que os gases asfixiantes são um método cruel de matar.

Nesse momento, o baixinho ao meu lado murmurou:

— Dizer que os gases asfixiantes são cruéis não equivale a dizer que os explosivos são filantrópicos e as balas humanitárias?

De fato, o baixinho tinha razão. Eu não creio que os gases sejam mais desumanos. No máximo, creio que eles são mais eficazes. De qualquer modo, nossos pontos de vista eram irrelevantes na ocasião, quando quem falava era o mesmo que podia mandar e punir; cabia-nos somente concordar. *El Tigre* continuou a falar:

— Talvez os surpreenda saber que há uma cadeira de Antropologia Socialista, dedicada ao estudo e formação do novo homem socialista, na qual um erudito em filosofia expõe as justificações biológicas e sociais da educação, refuta as doutrinas morais da Antiguidade e da Idade Média e suprime nos alunos os últimos vestígios das noções de verdade, fé, justiça e caridade. Essa cadeira é destinada, prioritariamente, aos religiosos e aos profissionais do Direito. Agora, em remate dessa parte teórica, convém darmos uma olhada na forma pela qual as aulas se processam.

Saímos do gabinete do Chefe e visitamos, em primeiro lugar, o *Museu do Terror*, onde pudemos contemplar, armas, bombas desativadas, gases venenosos e até mesmo o célebre machado que matou Trotsky, itens gentilmente cedidos pela KGB. Na parede havia retratos de vários terroristas – desde Stenka Razin até Che Guevara.

Passamos depois à biblioteca, onde não faltava, é claro, *O Capital*, de Karl Marx, nem *Reflexões sobre a violência*, de G. Sorel, nem a *Guerra de Guerrilha*, de Che Guevara, nem tampouco *O Minimanual do Guerrilheiro Urbano*, de C. Marighella. Lembro-me, ainda, de uma extensa monografia sobre Mao Tse Tung e um exemplar contendo ditirambos sobre Stalin.

Fomos compelidos, em seguida, a assistir uma aula da cadeira de Psicologia da Fraude e do Estelionato, ministrada por um emérito professor, catedrático de uma das maiores universidades públicas do país. Iniciando a aula, disse ele:

— Temos aqui alunos de quase todos os estados da Federação, porque em nenhum deles há uma instituição semelhante à nossa. Nossa escola é verdadeiramente pioneira e o ensino é fornecido, em geral, a todas as carreiras, mas dividido por cadeiras, segundo a aptidão profissional de cada um. A minha cátedra é direcionada, preferencialmente, aos jornalistas, intelectuais e professores. Todos têm em comum o fato de lidarem com a comunicação por meio da linguagem oral ou escrita. Pois bem, as minhas primeiras palavras devem ser de incentivo e de esperança. Quero incentivá-los, pois, a nunca desistir. O paraíso comunista depende de vocês mais do que vocês podem imaginar. Não se deixem jamais embaraçar por noções burguesas, como a verdade e a justiça, se o que está em jogo é o futuro socialista do Brasil.

Aqui, as palmas interromperam a fala do conferencista. Cessadas aquelas, ele prosseguiu:

— A minha esperança é a de que, juntos, jornalistas, intelectuais e professores, possamos ajudar a **A.S.N.** a fazer no Brasil o que Fidel Castro fez recentemente em Cuba. Imaginem o que essa pequena ilha do Caribe será daqui a cinquenta anos: uma potência industrial, comercial e marítima. Seu elevado P.I.B. refletirá o progresso material da população; flagelos, como o analfabetismo, prostituição e drogas, serão totalmente erradicados. Cuba será tão rica que poderá dar-se ao luxo de financiar obras de infraestrutura nos países capitalistas do terceiro mundo.

MEMÓRIAS DE UM GUERRILHEIRO

Nesse momento, o diretor de um famoso jornal de São Paulo não se conteve e verteu copiosas lágrimas:

— Do que depender do meu jornal — disse ele soluçando —, tudo será feito para cooperar com a **A.S.N.** no atingimento de seu objetivo, que é o do meu jornal também. Eu prometo.

O professor agradeceu calorosamente as palavras do jornalista e começou a fazer perguntas sobre temas relacionados aos objetivos dos profissionais presentes. O baixinho pressentiu que seria um alvo certo e tentou se refugiar atrás de mim. Na mesma hora, eu tratei de dissuadi-lo porque, não sendo alto, sempre quis ter amigos menores, cuja presença pudesse realçar um pouco a minha ou, se fosse o caso, safar-me de algum embaraço. Foi justamente o que aconteceu. O professor escolheu-o para comentar um fato que ocorrera no Rio de Janeiro. Disse ele:

— O governador retirou os mendigos das ruas para que os turistas não os vissem. Esse método capitalista é satisfatório?

Com seu jeito simplório, mas sincero, o baixinho respondeu:

— A mendicância não é uma vergonha maior que a ganância. Aliás, eu não considero que a exposição de mendigos possa constituir uma desonra maior que a exibição de abonados. Se for para retirar das ruas os primeiros, que se ocultem também os segundos.

O professor não se conteve de alegria com a resposta do baixinho. Os jornalistas e intelectuais se confraternizavam. O regozijo era imenso. Um homem humilde e simples mostrava ser intuitivamente socialista. O mestre arriscou outra pergunta:

— Para acabar com a miséria, a seu juízo, não é necessária a extinção da riqueza e da propriedade privada?

Com a serenidade dos justos, o baixinho respondeu:

— Acredito que não. O miserável não quer deixar a miséria para abraçar a pobreza socialista. Ele deseja, através do trabalho, conquistar a propriedade que, se não vier, pela sua extinção, seu esforço terá sido em vão. Ademais, propor seriamente a extinção da propriedade privada como solução dos problemas sociais é o mesmo que se propusesse a adoção da indigência como remédio dos econômicos.

O professor engoliu em seco e suspendeu a aula para um cafezinho.

CONTINUAÇÃO DA AULA. O ENSINO DA ANTROPOLOGIA SOCIALISTA

  Todos os sequestrados saíram da sala de aula, seguidos de perto por *El Tigre*, que num dado momento foi abordado por um sujeito jovem e sisudo, de olhos atentos e severos, como os de um segurança. Era o arquiteto de confiança do Chefe, especialmente escolhido para projetar cidades complexas, em substituição às que existem atualmente, que seriam totalmente alteradas.

— Veja o Rio de Janeiro — disse ele. — Por toda parte edifícios com fachadas, varandas e janelas, concebidos segundo o gosto burguês, que mais caros são se divisarem o Corcovado, esse ícone decadente do capitalismo moribundo. O meu projeto muda radicalmente o perfil da cidade. Constitui-se de milhares de casas absolutamente iguais: da mesma altura, da mesma cor, do mesmo número de janelas e de portas. O conjunto pode parecer um pouco monótono, mas o efeito impressiona. De mais a mais, o valor simbólico salta aos olhos, ou seja, é inteiramente conforme o ideal que inspira a arquitetura socialista. Brasília foi um erro e o futuro provará suas consequências. A fórmula que dará certo, e que orientou o meu trabalho, é esta: menos espaço construído, mais igualdade absoluta. Só uma arquitetura funcionalmente igualitária poderá coadjuvar a igualdade social e econômica.

À medida que a conversa progredia, *El Tigre* alheava-se mais da movimentação das pessoas ao seu redor. Percebi que chegara o momento de escapulir daquele antro de loucos, custasse o que custasse. Explorei as laterais e o fundo da casa e me dei conta de que se evadir dali seria impossível. Muros gigantescos cercavam a imensa propriedade, além de um vasto sistema de segurança, composto de inúmeros sentinelas e arames farpados eletrificados. Era o fim de um sonho. Morreria ali sem chegar sequer a conhecer Valeska, o grande amor da minha vida.

Cabisbaixo, voltei para a sala de aula, onde o professor reiniciava os trabalhos, referindo-se aos alunos propriamente ditos:

— Meus caros jornalistas, intelectuais, professores e estatísticos. Vocês talvez não façam ideia da imensa confiança que a **A.S.N.** deposita na mídia e na educação. A revolução pelas armas é útil e necessária, mas ela nada poderá se o povo em geral não estiver aparelhado para apoiá-la. O povo terá sempre que crer que queremos o bem, embora façamos o mal; o povo deverá acreditar que perseguimos a justiça, a despeito de sermos cruéis; o povo,

MEMÓRIAS DE UM GUERRILHEIRO

enfim, deverá convencer-se de que somos democratas, apesar de almejarmos a ditadura. Como é que consegui-remos, ou melhor, vocês conseguirão o aparelhamento do povo? Simplesmente, enganando-o, se for preciso. Sim, meus caros. Até hoje a fidelidade à verdade dominou o Ocidente. O que conseguimos com isso? Frustrações, dis-putas, desacordos, guerras e usurpações, precisamente porque a verdade é ciumenta: ela não cede, não transige, não contemporiza. A mentira, pelo contrário, é tolerante, permissiva e acomodatícia. Se a verdade corresponde aos deuses, a mentira quadra bem aos homens.

Parece que a Terra já dava voltas muito antes de Galileu demonstrar seu movimento; mas em política não ocorre o mesmo que em astronomia. Longe de se precisar que um regime seja eficaz para provar sua eficácia, o que se precisa é demonstrar sua eficácia para que ele seja eficaz. Dou um exemplo tirado da medicina. Há algum tempo falou-se que uma determinada substância curava o câncer. Um médico começou a experimentá-la em seus pacientes, com resultados altamente positivos: aumento de peso, apetite, disposição acentuada etc. Com base nesses dados, não seria lícito afirmar que aquela substância possuía propriedade curativa? Pois o próprio médico deitou tudo a perder ao revelar que a tal substância não a tinha, já que nada mais era que um placebo composto de água e sal. Que veleidade da ciência! Para o médico, era preferível deixar morrer os pacientes com a terapêutica verdadeira do que curá-los com a medicina apócrifa.

Vejam vocês como a mentira é útil e necessária, mor-mente nos casos extremos, em que estão em jogo os valores supremos da igualdade e da coletividade.

Portanto, vale reprisar, a mentira não é algo negativo em relação à positividade da verdade. A mentira é apenas a verdade que ainda não se revelou. Isso se chama dialética!

Nesse momento, o representante de um famoso jornal do Rio pediu a palavra. Seu rosto estava esmaecido, suas mãos tremiam e suava abundantemente.

— Desculpe, professor, minha comoção. Acontece que desde a juventude apresento uma reação estranha ao ouvir esta palavra solene: dialética! Sua imponência, grandiosidade e beleza provocam-me assomos de calafrios e sucessivos arrepios. É como se uma corrente elétrica percorresse o trajeto que vai da nuca ao quadril, agitando o meu corpo e afrouxando os esfíncteres. Acredite, isso me cria sérios embaraços fisiológicos.

— Substituamo-la, então — disse o professor. — Ponhamos em votação termos igualmente solenes, instigantes e, sobretudo, caros à causa socialista; que tenham o glamour marxista e sejam fiéis à praxis revolucionária.

— Expurgo! – gritou o primeiro.

— Extermínio! – disse o segundo.

— Varredoura! – sugeriu o terceiro.

— Pernície! Razia! – exclamaram outros.

Desconheço o resultado daquela insólita eleição. Ainda hoje lamento ter sido privado daquele processo eleitoral, que ilustrava resumidamente a vocação democrática do regime socialista. Só sei que todas as sugestões tiveram ampla aceitação da plateia e fizeram por merecer os calorosos aplausos que receberam.

Ou por entender que a visita à aula já tinha alcançado seu objetivo, ou porque o início da outra recomendava pressa, fato é que o Chefe deixou o local levando-nos com ele até a sala onde, naquele momento, ministrava-se aula de Antropologia Socialista. O professor era desengonçado e tosco; quadrado, malfeito, ossudo e vesgo, cabeça enorme, mãos grandes, pés gigantescos e olhos de boi. Mas logo depois de ouvi-lo por alguns minutos, descobrimos que era um homem agradável, de grande engenho, de talento, culto e de grata conversação.

— Nosso sistema — disse — é absurdo e complicado. A herança do direito romano nos oprime. Sua exagerada tutela da propriedade fê-lo ignorar a verdadeira causa da frouxidão que levou Roma ao desastre. A *proprietas* é desagregadora e, portanto, antissocial. O direito romano, com todas as suas preocupações e cálculos, foi a obra de lavradores avaros e desconfiados que viam os delitos sob o aspecto de uma lista de preços do mercado. Quando leio nas sentenças que um indivíduo foi condenado a oito anos, três meses e vinte dias, vem-me à mente o teor de uma nota fiscal com a discriminação das despesas pagas. Parece que os juízes querem que o condenado pague o delito cometido segundo uma tabela de preços tarifados que chega até os centavos. Quando tiver pagado esses anos, esses meses e esses dias, o "devedor" conquistará sua liberdade pura como antes.

Esse critério seria justo, se algum dia o livre-arbítrio pudesse ser provado. Como jamais o foi, permanece intacta a presunção *juris tantum* de que o crime é produto da sociedade e, como tal, cabe a ela repará-lo e não ao seu autor imediato. Com efeito, se um juiz penetra no fundo das coisas, acaba por se dar conta de que o acusado não tinha mais remédio além de cometer aquilo que cometeu, dada a miséria que o abate, a vergonha que o segrega e o poder que o oprime. O criminoso, portanto, não é um malfeitor, mas um doente; não é ao silogismo frio de um magistrado que se deve entregá-lo, mas aos cuidados de um assistente social ou de um médico. A consequência lógica desse argumento é a abolição do processo e das prisões. Os processos são escolas de delinquência e as prisões, sementeiras de criminalidade. O criminoso é apenas uma criança da qual tiramos doces da boca; de quê reclamar então se ela, embravecida, morde a nossa mão?

"Apoiado!", "Bravo!". Como era de se esperar, os aplausos foram unânimes. Eu, porém, não estava muito conforme com a comparação do professor. Um gatuno que me surrupia um relógio do bolso, mesmo que eu não o veja nem o morda, é tão ladrão quanto o que tira doces da boca da criança, ainda que não os coma. De qualquer modo, participei dos aplausos, para não ficar mal com o Chefe.

Mário Pimentel Albuquerque

— Meus caros amigos, prosseguiu o professor, nossa disciplina tem como objeto o homem. O homem em todas as suas dimensões, em todas as suas características, em todas as suas potencialidades. Sendo assim, nosso ensino curricular se baseia na doutrina do autor que mais estudou o ser humano e com meticulosa intuição descobriu seus segredos mais profundos. Falo de J.J. Rousseau. Para Rousseau, a civilização degrada o homem, porque o exercício do pensamento conceitual fá-lo esquecer suas origens. O pensamento é antinatural, é uma aberração da natureza, e os intelectuais, consequentemente, são monstros, não porque se diga que são animais, mas porque se sabe que são intelectuais. O próprio Marx, seguidor de Rousseau, desprezava o pensamento. O indivíduo pensante não entrava para nada nas cogitações de Marx sobre o agente do progresso social que, com o uso só de seus braços, dizia ele, confere valor às coisas e transforma o mundo. O pensamento é uma função inútil ao proletário, fadado, portanto, ao desaparecimento pela seleção natural. Ao comunismo cabe acelerar esse processo por meio de uma pedagogia elaborada por um grande educador brasileiro, cujo objetivo maior é encurtar a distância entre os homens e os demais primatas. Hoje, ela é apenas uma grata exceção; no futuro, ela imperará nas nossas escolas e universidades, banindo o pensamento de seus currículos.

Sei que vocês podem estar pensando na resistência que alguns animais oferecem para se humanizar. O caso do cavalo de Eberfeld é um bom exemplo. Chamava-se Hans e foi amestrado por seu dono, W. von Osten, um velho oficial alemão, que dedicou parte da sua vida ao estudo da inteligência dos animais. Hans fazia cálculos de alta matemática, conhecia a linguagem humana, compreendia o alemão, era musicista, sabendo distinguir acordes harmoniosos e dissonantes. Em poucas semanas aprendeu a extrair raízes quadradas e cúbicas e, logo depois, a soletrar e a ler, servindo-se de um alfabeto convencional imaginado por seus mestres.

Em 1904, o Ministério da Educação da Alemanha nomeou uma comissão para se ocupar do assunto, cujo relatório foi o seguinte: "O cavalo não era dotado de inteligência, não reconhecia nem letras nem números, não sabia calcular, obedecendo simplesmente a sinais imperceptíveis, que inconscientemente escapavam à argúcia do seu próprio mestre".

Da mesma forma, podem-se obter cães "inteligentes" ou macacos amestrados, mas de modo puramente exterior, automático e mecânico. Os felinos particularmente se mostraram absolutamente refratários a todo esforço de sublimação antropoide.

Com efeito, não está entre os poderes do homem o de elevar os seres de um estado inferior a outro superior, conquanto possa a ciência humana percorrer o caminho inverso, ou seja, pode retroceder do estado superior ao inferior. A tarefa é naturalmente mais fácil, posto que não se trata de agregar – isto é, de criar –, mas de retirar, subtrair, empobrecer.

Guiado por essas considerações, o nosso Partido, em convênio com o Departamento Soviético de Altos Estudos Antropológicos, fundou aqui mesmo, na **A.S.N.**, o Instituto Científico de Pesquisa do Homem Socialista, que visa a sentar as bases biológicas, filosóficas, pedagógicas e antropológicas, relativas à construção do genuíno homem comunista, o *Homo brutus*. Sabe-se que desde os cínicos da Grécia até os materialistas do século XVIII, são muitas as pessoas que desejaram, como um imperativo incontornável da natureza humana, a paz e a simplicidade da vida dos brutos. De fato, as gerações estão cansadas e desiludidas da sua condição de seres pensantes e responsáveis; daí a sugestão dos nossos líderes de retirar do futuro homem comunista essas faculdades acabrunhantes e transferi-las ao Partido, de modo que este aja, pense e se responsabilize por aquele, tal como o pai quanto ao filho menor ou incapaz.

Não foi difícil, portanto, encontrar uma dezena de indivíduos dispostos a se submeter com boa vontade às nossas

Mário Pimentel Albuquerque

experiências de metódica bestialização. Os exemplares humanos que escolhemos foram indivíduos de ambos os sexos e suficientemente civilizados e, se possível, solteiros e sem filhos. Brevemente, recrutaremos mais homens e mulheres para o mesmo fim, ainda que coativamente.

Nessa altura, já podíamos adivinhar a nossa sorte. Os mais otimistas murmuravam que era melhor ser cobaia do que ser defunto. Da minha parte, disse eu, opino que não é aqui uma séria perda nem um grande castigo privar-se alguém do pensamento, como o seria, por exemplo, na Alemanha. Dizer ao alemão que se abstenha de pensar é o mesmo que aconselhar ao brasileiro o exercício da filosofia, embora alguns a tenham exercitado sem que ninguém os aconselhasse. Quanto a mim, posso ir me embrutecendo aos poucos, se o preço disso for continuar vivo. Afinal, muitos fazem isso no Brasil espontaneamente sem sequer serem notados.

O professor continuava falando, agora sobre o resultado de suas experiências.

— Devo confessar que todas as metamorfoses realizadas tiveram um resultado satisfatório. Mas as mais bem-sucedidas, oito no total, são a confirmação irrefutável da minha premissa: a regressão é muito mais fácil que a evolução, de modo que, para humanizar, digamos, um chimpanzé, não basta ministrar-lhe conhecimentos mecânicos nem outorgar-lhe direitos políticos. Um chimpanzé jamais será um homem, conquanto um homem, aí reside a grande diferença, possa chegar a ser um chimpanzé.

Esses oito homens gozam de ótima saúde, renunciaram às faculdades humanas, como a linguagem articulada, e quase sempre estão de bom humor. Frequentemente, intentam manifestar-me com grunhidos, que eu qualificaria de afetuosos, sua gratidão pelo novo estado, menos penoso, que ora revestem. Mas ainda não é tudo. Chegados a essa fase, que é a da brutificação propriamente dita, cumpre logo adestrá-los na arte do extermínio, quando, então, nossos candidatos terão aulas práticas no nosso arsenal, que vocês já conhecem, e poderão conhecer todo tipo de armas, desde o simpático revólver até os mais modernos artefatos bélicos. Por fim, o homem comunista, devidamente bestializado e perito em armas de extermínio, deverá despir-se de qualquer escrúpulo em relação ao sangue humano. Ser-lhe-ão disponibilizados sacos de plasma em quantidade suficiente para que se dispute um jogo inocente entre os candidatos, que consiste em arremessar uns contra outros os referidos sacos que, chocando-se com o corpo do adversário, explodem, provocando um banho de sangue. Dispomos de um instrutor especialmente habilitado a derramar o sangue humano. Ele tem uma força tão grande nos dedos que, colhendo um saco de plasma entre o polegar e o médio, arremessa-o à altura do terceiro andar de um prédio e encharca a vidraça com hemoglobina.

Depois de se exercitar nesse esporte sangrento, o homem comunista relacionará a experiência do sangue a algo positivo, a um sentimento de força e de poder, que está sempre associado à prática esportiva.

Esse esporte, além de ser necessário à formação do *homo brutus* socialista, longe está de ser iníquo ou imoral. Afinal, nenhum ato é imoral considerado absolutamente; e o próprio ato de comer carne humana me parece perfeitamente justificado se é executado, por exemplo, por uma onça.

Nesse momento, uma campainha soou, anunciando a hora do almoço. Sempre acompanhados de *El Tigre*, dirigimo-nos para o refeitório.

FINAL DA ENTREVISTA COM O CHEFE

O almoço foi servido com requinte e alguma pompa. Comemos a fartar. Parecia que alguns de nós jamais havíamos comido com tanto prazer e voracidade. Lembro-me de que o mais reservado do grupo, um advogado de meia idade, aproveitou a momentânea ausência do Chefe e comentou:

— Creio que até o advento das ideias socialistas no país, a pobreza nunca foi considerada um *status* abjeto ou antinatural. Isso se deve a que, no Brasil, tampouco houve realmente burguesia, cujos hábitos, gostos e preconceitos se disseminaram na medida em que o socialismo se assenhoreou do governo. O desprezo ao pobre e a predileção pela pompa constituem sentimentos tipicamente burgueses, e só os líderes do partido socialista, tão bem instalados na vida, podem, por conseguinte, experimentá-los.

Afinal, o Chefe chegou, e almoçou isoladamente, servido por três empregados.

Terminado o almoço, fomos reconduzidos ao gabinete de *El Tigre*, onde aguardamos ordens para entrar. O Chefe chegou em seguida e deu por iniciada a entrevista. Parecia que não tinha tempo a perder. O cicio compassado de suas nênias filosóficas nos envolveu pouco a pouco e nos obrigou a um silêncio incômodo. Agora nos tinha em suas mãos e não queria que escapássemos. *El Tigre* havia ruminado suas tenebrosas ideias em suas longas vigílias a que o obrigavam o medo e a desconfiança de todo mundo. Não permitia interrupções. Tolerava, vez ou outra, alguma pergunta, mas somente aquela que homenageasse sua eloquência vaidosa. A resistência que alardeava era exu-

Mário Pimentel Albuquerque

berante. Sua voz baixa, nasal, áspera e rouca podia trabalhar seis ou sete horas seguidas sem dar sinais de fadiga. Sempre tinha algo a dizer ou a repetir. Sua mão, também, armada com um lápis, trabalhava sem descanso. Esse era o homem que ia começar a nos inquirir. Disse ele, então:

— Creio que lhes devo uma explicação sobre o sequestro que os privou do convívio familiar. Há mais de um ano, meus agentes, distribuídos por vários estados, sequestraram e trouxeram para cá setenta e seis homens e uma mulher. Tratei-os bem. Não só eram alimentados e vestidos, mas recebiam todos os meses uma módica quantia a título de estímulo e retribuição. Não foi suficiente. Desde as primeiras semanas começaram as dificuldades. O grande perigo era o tédio. Aqueles indivíduos, arrancados de suas regiões, de suas famílias, da vida vagabunda e que não conseguiam sequer conversar entre si – ou porque não se entendiam ou porque se detestavam –, não sabiam como passar o dia. Quando ia fiscalizá-los, após as aulas, encontrava-os separados, imóveis, silenciosos. A maioria estava deitada na grama, à sombra de alguma árvore, estirada, envolta em farrapos, roncando ou bocejando. Outros se metiam em casa, dormitando ou mastigando. Um ou outro ficava ao lado da porta, meditabundo, com os braços no chão e a cabeça na lua. Um tédio insuportável os inabilitava para exercer as complexas funções para as quais haviam sido sequestrados. Por outro lado, não podia dispensá-los, em razão da nossa segurança e clandestinidade. Tive, então, de construir um acampamento grande para confiná-los. Foi precisamente aquele que vocês viram quando aqui chegaram.

Ocorreu-me, assim, a ideia de um sequestro localizado, com poucas vítimas, cujo objetivo fosse fazê-las mais úteis, familiarizando-as, aproximando-as, em torno de um fator comum a todas elas: a região em que nasceram ou vivem.

Ao cabo de sessenta minutos, convenci-me de que aquele homem ou era um grande sábio ou era um louco rematado. À parte a segunda alternativa, ficava claro para mim que o raciocínio de *El Tigre* era inteiramente sectário, ou seja, pairava acima do verdadeiro e do falso. Em suma, seu discurso, ouvido por algum tempo, podia originar graves distúrbios; se por mais tempo, quem sabe, a própria morte. Eu confesso envergonhado: não tive o valor de refutá-lo, mesmo sabendo que não sairia dali vivo. Nossa saga apenas começava. Não podíamos furtar-nos aos nossos destinos, cumpria enfrentá-los se desejávamos realmente *epater le fantôme*.

El Tigre prosseguiu:

— Trocando em miúdos o que ainda me resta dizer, desejo que vocês se identifiquem. Não quero saber os seus nomes nem quem vocês são, a menos que alguém tenha sido anteriormente guerrilheiro, terrorista ou militante da esquerda, ou que seja experiente em explosivos, incêndios e em situações de combate. Não sendo este o caso, como prevejo, quero que cada um de vocês colha, aleatoriamente, uma ficha dentre as dez que estão em cima da escrivaninha. Elas contêm os seus nomes e algumas identificações pertinentes para uso interno da **A.S.N.** Vocês agora estão mortos para o passado: sem lares, sem famílias, sem raízes e sem profissão. Doravante, a vida de todos vocês estará consagrada ao sucesso da **A.S.N.**

Levantamo-nos claudicantes para exercer uma escolha extrema, exatamente igual à de uma hipotética população que, não querendo abrir mão do direito de votar, deseja ardentemente ser governada pela força; mas como para governá-la pela força seria preciso proscrever o voto, a eleição vira um teatro e a liberdade uma concessão.

Na ânsia de cumprir rapidamente aquela tarefa patética, o pastor se descuidou e deixou cair no chão a sua Bíblia. Nesse mesmo instante, o Chefe levantou-se, percebeu do que se tratava e disse ao pastor:

— Tu já pegaste a tua ficha?

— Já — disse o pastor, com a voz embargada.

— Muito bem — respondeu o Chefe. — Diga-me, então, qual é teu novo nome.

— Carcará.

— Carcará, teu livro está confiscado. Só não te imponho um severo castigo, porque, por um lapso, deixei de adverti-los de que é terminantemente proibido ler o que quer que seja sem a censura e autorização prévias da chefia. Pena: dois dias no calabouço, só a pão e água.

Tal qual uma tigresa que, para proteger seus filhotes da ferocidade do tigre, reúne forças e o enfrenta, ainda que vacilante, outro tanto fez o pastor em relação à truculência do guerrilheiro para manter a posse do livro santo. A autoridade, entretanto, prevaleceu, e a Bíblia foi confiscada. Tomado de um furor imprudente, Carcará rebateu:

— Devo advertir-te sobre as consequências de tua atitude insolente. Não se furta impunemente uma coisa divina. Belsazar, filho de Nabucodonosor, foi impiedosamente morto porque bebeu vinho nos copos furtados da Casa de Deus. Não temes que algo semelhante possa acontecer-te?

— Digamos que eu não nutro essas preocupações, nem compartilho o teu servilismo à divindade — respondeu o Chefe. — Tua religião não me serve, dentre outras coisas, porque contradiz e condena todos os meus instintos mais radicais. Eu detesto a burguesia e ela manda amá-los; custa-me trabalho suportar os amigos e ela obriga abraçar a quem quero matar; tenho poder e dinheiro, e ela exige a renúncia; sou naturalmente cruel, como deve ser um revolucionário, e ela impõe a doçura e o perdão. Por essa razão, o nosso lema aqui é *nec fides nec deo*, a indicar a todos os nossos camaradas que a nossa maior defesa é o fuzil e o nosso único objetivo é exclusivamente terreno: instaurar a ditadura do proletariado.

Enquanto Carcará anatematizava o ímpio, este, indiferente às jeremiadas daquele, dispensou-nos, com o alerta de que nos recolhêssemos e aguardássemos novas instruções. Favorecidos pela descontração do dormitório comum, conversamos, choramos, exortamos os mais abatidos e até troçamos com o nome que cada um havia recebido. O meu, aliás, foi Bem-te-vi.

A APRESENTAÇÃO DE ÂNGELO

Na noite do primeiro dia, quando já pensávamos que nossas tribulações tinham cessado, recebemos a visita de um indivíduo grande e espadaúdo, que exibia com galhardia suas várias cicatrizes. Usava sempre um traje cáqui de combate, com botas até o joelho. Era austero, embora risse às vezes com os modos de Carcará. Disse que o chamavam ali de Ângelo, mas que este não era o seu verdadeiro nome. Alardeava ser o braço direito do Chefe, a quem servia com extrema fidelidade, e que suas cicatrizes eram a maior prova de sua lealdade. Para fazer a sua soberana vontade, Ângelo estava disposto a tudo, a dar-se, a aceitar, a dizer que sim, a sofrer, a ser vítima e a corromper-se. Não rejeitava nenhuma ordem sua e não lhe davam asco as mais abjetas humilhações, desde que padecidas pelo seu valoroso Chefe.

Antes de dar as instruções, Ângelo disse que iria fazer a chamada para se certificar de que todos estavam presentes.

— Borboleta!

— Presente.

— Sabiá!

— Presente.

— Carcará!

— Presente.

— Bem-te-vi!

— Presente.

— Beija-flor!

— Presente.

— Pica-Pau!

— Presente.

— Seriema!

— Presente.

— Marreco!

— Presente.

— Macuco!

— Presente.

— Canário!

— Presente.

— Muito bem — disse Ângelo, esfregando as mãos. — Vocês foram escolhidos para o Destacamento B, que eu comando. Três são os Destacamentos, A, B e C, os quais têm por missão "realizar ações táticas isoladas e manter-se administrativamente". Os Destacamentos são subordinados ao Bureau Central, que é o órgão de cúpula, constituído por quatro elementos, do qual depende a estratégia de atuação guerrilheira e o treinamento militar dos três destacamentos. Cada destacamento possui um capelão, que acumula duas diferentes funções: a primeira, de ordem espiritual, visa à elevação do homem, expungindo-o dos vícios capitalistas, mediante a pregação dominical sobre a vida e obra de Ho Chi Min e Mao Tse Tung; a segunda, de caráter prático, consiste em ensinar os noviços recém-sequestrados a montar e a desmontar fuzis AK 47, bem como a aperfeiçoar-lhes a pontaria no manejo de obuses e escopetas. Nosso capelão é um franciscano trotskista que, quando não está bêbado, é um grande companheiro e eminente prelado. Chama--se Calixto.

Temos treinamentos diários pela manhã e aulas à tarde. Aprendemos com eles a domesticar o nosso corpo e, com elas, a teorizar nosso inconformismo. À noite, antes de dormir, acontecem os *devaneios revolucionários*, quando toda nossa comunidade se reúne, presidida por um experimentado psicólogo, para exprimir abertamente o ódio, o rancor e o ressentimento que cada um traz em seu coração em relação

MEMÓRIAS DE UM GUERRILHEIRO

aos indivíduos chamados "superiores" ou "bem-sucedidos", sempre através de chavões calculadamente repetidos para serem interiorizados. Consistem, por exemplo, de frases como: "A Bíblia é fascista", "A Inquisição matou mais que o comunismo", "Morte aos homofóbicos", "Eu odeio a classe média", e assim por diante.

Esses exercícios, ainda que pareçam fastidiosos, não deixam de ter sua diversão e, quase sempre, sua utilidade. Entre tantos companheiros exaltados que algumas vezes exibem inúteis ideias fixas, há um sem-número deles que sabe o que diz e alimenta na cabeça uma ingênua loucura não isenta de algum reflexo da melhor sabedoria. É o caso recente de um camarada, médico cassado injustamente pelo seu órgão de classe, que concluiu cientificamente que o sexo não é um conceito biológico, mas uma construção cultural. Ele diz que a posteridade comunista saberá reconhecer a excelência do seu trabalho e outorgar-lhe o merecido preito pela sua inestimável contribuição à ciência médica.

Concluídos sua apresentação e seu discurso, Ângelo se retirou, prometendo para o dia seguinte uma jornada cheia de tarefas e novidades.

Tão logo foi fechada a porta do dormitório, começaram os prantos, as imprecações, os lamentos e os conjuros. Era como se, por efeito do cansaço e do pavor represado durante o dia, os diques da alma se rompessem e um mar de emoções extravasasse sem contenção e sem freio, levando com ele nossa coragem, nosso orgulho, nossa hombridade. Dentre aquelas hiperbólicas manifestações de abatimento, uma chamava atenção e comovia. Era um gemido pungente de um peito ainda jovem, que se dava conta de que sua vida terminara sem sequer tê-la vivido. Os soluços de Beija-flor calaram os nossos, porque sua dor era mais autêntica, seu infortúnio mais cruento.

— Ah, se eu pudesse esquecer — murmurava ele — as noites em que os pensamentos mais risonhos vinham visitar-me; quando, antes de dormir, confidenciava à minha mãe o que queria fazer da minha vida. Queria amar com um amor puro uma mulher, aquela mulher que haveria de ser para mim, ao mesmo tempo, um prêmio duramente conquistado e um dom gratuitamente recebido. E a juventude chegou, com ela coloriu-se o jardim dos sonhos que eu cultivava secretamente e cuja primeira flor já havia colhido para dedicá-la à moça de vestido claro, que eu idolatrava intimamente.

Mas agora tudo está perdido. Sinto-me como Jó, que num instante viu desaparecer tudo o que dava sentido à vida sem ser privado dela. Seria melhor tê-la perdido do que, vivendo, arrastar uma existência moribunda. Estou impossibilitado, pois, de amar e ser amado, embora continue especialmente sensível aos desfalecimentos e ardores da paixão. Até hoje, com dezoito anos, me mantive puro, resistente aos direitos da carne e às sutilezas que embriagam a juventude, de modo a experimentar o desejo potente e terrível que arrebata o homem quando ele, pela primeira vez, se une à mulher amada. Mas agora tudo está perdido, perdido...

O pobre rapaz, entre soluços e cercado por seus companheiros de infortúnio, acabou dormindo. Suas mãos ainda tremiam quando as pousei sobre seu peito. Sabiá, à vista daquela cena tão comovedora, não se conteve e disse:

— Consolar o infeliz de sua perda, dor, provação, é algo que desconheço. Mas o que me couber fazer, o obstáculo que me tocar transpor, o perigo que eu tiver que enfrentar, tudo isso farei para aliviar as penas desse menino. Nunca vi nem concebo ação mais covarde do que a desses homens, dirigentes partidários, de aliciar jovens inexperientes e há pouco desmamados para lutar em guerrilhas, sob condições precárias e adversas, contra tropas regularmente treinadas e equipadas, enquanto eles, chefetes comunistas, fazem a parte social, financeira e turística da revolução, na expectativa de que ela triunfe, mesmo ao preço de tanto sangue inocente. E se ela, por acaso não vingar, se Deus for bastante

MEMÓRIAS DE UM GUERRILHEIRO

justo para frustrar a ação revolucionária, amanhã esses corvos dirão impudentemente, para se safar, que o exército repeliu com a tortura e a morte jovens apenas imbuídos de elevado ideal patriótico. E haverá gente crédula o bastante para acreditar nessas lorotas.

Todos apoiamos as palavras de Sabiá, fazendo nossas as promessas que ele acabara de fazer. Já era madrugada quando nos deitamos, sem sono, sem fome, sem esperança.

O JURAMENTO. INÍCIO DOS EXERCÍCIOS

Naquela manhã, a nossa primeira manhã na **A.S.N.**, tomamos café e do refeitório fomos a um vasto barracão situado à margem de um córrego que abastecia de água a cozinha e os banheiros dos alojamentos. O lugar parecia uma repartição pública em dia de grande movimento, mas, ao contrário desta, o silêncio era absoluto. Era proibido conversar e até mesmo cumprimentar ou se dirigir com palavras ao encarregado do fardamento.

Percorremos enfileirados o comprido balcão, recebendo os nossos uniformes cáqui, feitos de lona grosseira, botas de couro usadas e alguns itens necessários à nossa higiene diária. A partir de então não nos foi mais permitido usar outra roupa que não fosse a "gloriosa" que, segundo o chefe de nosso destacamento, fora especialmente concebida e desenhada a partir do modelito usado por Che Guevara logo após o tiroteio comemorativo do primeiro aniversário da revolução.

Terminada essa fase, e já devidamente uniformizados, fomos convocados para jurar bandeira, evento solene no qual estariam presente *El Tigre* e toda a comunidade guerrilheira. Nesse momento, acendeu-se em mim a chispa do amor patriótico que invariavelmente nos invade e provoca arroubos de coragem cívica e indizíveis ímpetos de heroísmo. Seria a ocasião perfeita de mostrar a todos que ninguém ali era mais patriota do que eu e que, igual a mim, ainda estava por nascer quem soubesse de cor a letra do hino nacional. Procurei um lugar conveniente para ser ouvido e preparei-me, então, para agradecer os elogios. De repente, um débil acorde deu início a uma melodia que eu jamais tinha ouvido em toda minha vida, cuja letra, resumidamente, era cantada assim:

"De pé, ó vítimas da fome / De pé, famélicos da terra / Da ideia a chama já consome / A crosta bruta que a soterra...".

Inicialmente, pensei tratar-se de alguma mandinga para prevenir terremotos; Marreco opinou que podia ser algo ligado à maçonaria. Ficou claro do que se tratava quando vimos ser hasteada a bandeira que havíamos de jurar, não a verde e amarela, que eu esperava, mas a vermelha, que subia compassadamente ao som de um refrão unânime e ensurdecedor:

"Viva a foice e o martelo / Abaixo o verde e amarelo!".

À parte essas excentricidades, a solenidade transcorreu sem incidentes e culminou com um almoço de confraternização para os convidados de *El Tigre*. Ainda enfastiados, nós nos dirigimos ao refeitório por determinação superior. Vendo o desânimo que já tomava conta do grupo, Sabiá elevou a voz e disse:

— Comamos o melhor que possamos comer. Comamos como as grávidas comem, não só para matarmos a fome de hoje, mas para nos vingarmos também da futura. Comamos, enfim, considerando que, depois de nós, quase ninguém mais vai comer neste país comunista, e que o arroz e o feijão, que desprezamos agora, serão tenazmente cobiçados pelos brasileiros de amanhã.

Como foram reconfortantes o humor e as palavras do nosso colega mais sábio e mais expedito! Aliás, já era perceptível que Sabiá estava aos poucos conquistando uma liderança incontestável sobre o nosso grupo, que se materializava ora por um conselho, ora por uma reprimenda, ora por uma exortação. Sua voz era sempre disputada, sua presença, sempre requerida, seus conselhos eram ordens, sua ausência era algo como uma orfandade coletiva.

Sabiá era um homem jovem, advogado, nascido e criado no interior, de onde brevemente partiria para exercer sua profissão na capital, quando, de repente, seu projeto pessoal foi duramente sacrificado pelo capricho do destino, que o pôs nessa situação bizarra e desesperada. Ele era também profundamente religioso e sabia tirar da religião força e discernimento para enfrentar qualquer situação. Dizia que se estava ali, subjugado por rebelados, Deus não o ignorava, e era de se supor que o Altíssimo queria prová-lo para que, com o convívio de indivíduos maus, ele se tornasse um homem bom.

Esse era o homem que nos ajudou a suportar as três, ou, quiçá, quatro primeiras semanas, que foram a pior parte do difícil processo de adaptação a uma rotina inteiramente desconhecida. Durante esse período, suportamos a dose completa de confusão e miséria que a um ser humano é dado suportar. Evitávamos, o quanto podíamos, abandonar o nosso acampamento, com receio de que toda a cólera de *El Tigre* se abatesse sobre nossas cabeças. Achávamo-nos incrivelmente lerdos e desastrados ao tentarmos aprender os exercícios, de modo que a desestima própria, agravada pelo medo, tornava-nos ainda mais expostos à censura e à zombaria.

Depois de termos sido designados para o Centro de Treinamento é que a coisa começou realmente. Tínhamos de fazer exercícios, um pouco mais a cada dia, e quando Ângelo tentava corrigir-nos ou nos aconselhar, sentíamos o desejo de estrangulá-lo com as próprias mãos.

Ensinaram-nos os exercícios de manobras, embosca-das e escaramuças rurais e urbanas, o manejo de pistolas, rifles e metralhadoras, sempre com o exemplo de casos concretos, como a execução do capitão americano Charles Chandler, relatada por um "bravo" integrante da VPR. Eis o relato reproduzido por Ângelo:

> Chandler cruzou o portão e ganhou a calçada, ainda em marcha atrás. Antes que a carrinha (sic) alcançasse a rua, coloquei o Volks de tal modo que bloqueava a passagem do veículo de Chandler pela sua parte traseira, impedindo-o

de continuar a marcha. Nesse instante, um dos meus companheiros saltou do Volks, revólver na mão, e disparou contra Chandler.

Quando soaram os primeiros disparos, Chandler deixou-se cair rapidamente para o lado esquerdo do banco. Evidentemente, estava ferido. Mas eu, que estava extremamente atento a todos os seus movimentos, percebi que ele não tombara somente em consequência das feridas. Foi um ato instintivo de defesa, porquanto se moveu com muita rapidez. Quando o primeiro companheiro deixou de disparar, o outro se aproximou com a metralhadora INA e desferiu-lhe uma rajada. Foram 14 tiros... Quando recebeu a rajada de metralhadora emitiu uma espécie de ronco, um estertor e, então, demo-nos conta de que estava morto.

Fomos iniciados no mistério da morte, provavelmente antes de termos concluído a primeira semana na guerrilha. Era um adestramento estudado, calculado, sistemático. É a mesma tática de instigar galo de briga aplicada à tarefa medonha de transformar um jovem num *serial killer* ou um homem num animal. Tratava-se, portanto, de um processo de embrutecimento, de degradação da natureza humana, conquanto Marighella visse nisso algo bem diverso, a saber:

> O terrorismo é uma arma a que jamais o revolucionário pode renunciar.

> Ser assaltante ou terrorista é uma condição que enobrece qualquer homem honrado. (*Minimanual da Guerrilha Urbana*).

Sobre tudo isso refletia Sabiá e nos transmitia as suas sempre bem fundadas conclusões.

Ao anoitecer, quando chegamos de volta do Centro de Treinamento, estávamos cansados demais para ter fome, mas, assim mesmo, comemos.

— Há uma coisa pela qual devemos agradecer — disse Borboleta. — Amanhã não poderá ser pior do que foi hoje.

A OPERAÇÃO SAFARI

Durante a noite anterior, ouvidos indiscretos ouviram uma conversa particular entre *El Tigre* e os chefes de destacamentos. O assunto sigiloso passou por várias bocas; aumentou pelas suposições, pelos comentários, de forma que, em poucas horas, ele se tornou o objeto de todas as conversações, um verdadeiro acontecimento que mantinha viva a curiosidade geral, e diante do qual silenciavam por um momento todos os rumores e mexericos. Como um fato que ocorrera numa hora em que muita gente dormia; como as circunstâncias que o tinham precedido e preparado, e que na véspera ninguém falava, tinham tomado, de repente, essas enormes proporções? Quem o tinha revelado? Quem o aumentara? É um fenômeno frequentemente inexplicável a rapidez com a qual se expandem e se propagam as notícias, verdadeiras ou não. Uma palavra inédita e em torno dela se agrupam as interpretações; outros elos se juntam ao primeiro elo, e uma cadeia misteriosa se forja e se estende ao infinito. Dir-se-ia que há uma relação lógica entre todas essas partes isoladas: uma engendra a outra e, no fundo dos exageros, dos erros, das mentiras, uma verdade primeira circula, que dá força de coesão aos detalhes esparsos e os reúne em um só feixe.

Dentre tantas versões sobre um mesmo fato, chegou-nos uma que verdadeiramente nos transtornou. Dizia que a nossa primeira missão seria a destruição de uma ponte cuja proteção era feita diretamente pelo Exército, e que distava cem quilômetros do *QG* da **A.S.N.**

De início, ficamos paralisados, e foi preciso algum tempo para que os menos afoitos recuperassem plenamente a consciência, depois daquele primeiro impacto realmente avassalador. Como poderíamos enfrentar um exército treinado e homens experientes, nós, que mal tivemos tempo para sermos apresentados a um fuzil e que não tínhamos sequer a noção do que era de fato um combate?

Essas e outras perguntas não menos tenebrosas circulavam pelas nossas cabeças, sem que nenhum de nós pudesse encontrar respostas para um enigma que, até o momento, não ensejava senão uma só explicação: para essa gente comunista, nossas vidas não valiam absolutamente nada.

Logo após o café, Ângelo convocou todo o Destacamento B para uma reunião. Nossas pernas tremiam; nossas línguas pesavam como chumbo, a ponto de não podermos articular sequer uma palavra. Ângelo passou, então, a expor o motivo da reunião:

— Tenho uma missão para vocês — disse ele. — É uma operação bem simples que visa à obtenção de recursos para satisfazer as despesas da **A.S.N.** Ela consiste basicamente de duas escaramuças, ambas incruentas, assim espero. A primeira cobre a chegada à cidade, a localização e o assalto de um mercado; a segunda, o despojamento total dos empregados e clientes e a retirada. Tudo já está muito bem planejado. Aqui está o mapa da cidade com a localização do mercado. No momento da operação, que será por volta das 17 horas ou das 18 horas, é precisamente o instante de maior afluência dos idosos às compras, o que facilitará sobremaneira o assalto. Para que vocês não digam que eu não sou democrático, os três guerrilheiros que comporão comigo o pelotão de assalto serão sorteados agora, à vista de todos. O primeiro é Carcará; o segundo, Pica-Pau; o terceiro, Borboleta. A operação realizar-se-á amanhã, a partir das 16 horas. Os convocados deverão estar uniformizados, prontos e confiantes no sucesso do empreendimento.

— Quando ouço empreendimento, devo entender assalto, roubo e assemelhados?

Era Carcará, quem perguntava. Havia dias que o pastor estava isolado, melancólico e inconsolável com o confisco de sua Bíblia. Houve até quem o visse pregando sem ela e para uma igreja imaginária.

— Não nos prendemos muito a nomes aqui — respondeu Ângelo. — Vamos assaltar ou roubar para comer. O que é importante é passar da tese à antítese, para quando sobrevier a síntese, que é a barriga cheia, ninguém se lembre mais da tese, que era a barriga vazia. Retenham o seguinte: temos que assaltar, roubar e até matar para sobreviver e lutar pelo comunismo.

— Sinto desapontá-lo — disse Carcará —, mas não posso praticar um ato que a minha consciência recrimina. Será que posso incorrer na maldição de Miqueias, quando esse profeta me proíbe de roubar um terreno ou uma casa ou mesmo de apossar-me de seus donos?

— Não sei o que você irá fazer, segundo o que manda o seu profeta. Mas sei o que poderá acontecer-lhe caso não cumpra as minhas ordens — disse Ângelo. — Temos conosco um Salvador inamovível, que é Marx, e inúmeros santos e profetas, dos quais destaco somente um, Sartre, que nos diz que, para certos seres abandonados e infelizes, o único meio de se sentirem verdadeiramente proprietários de algo é o roubo. Somente o obtido com o roubo, consoante Sartre, representa a autêntica e legítima propriedade, porque ninguém no-lo dá, nem é o produto de um acordo de vontades, mas constitui uma livre escolha de nossa personalidade e um risco que, em alguns casos, pode chegar a ser mortal.

Há situações em que a razão manda calar a argumentar; manda obedecer a retrucar. Por esse ou por outros motivos, fato é que se fez silêncio, e sobre o assunto só se falou no dia seguinte, oportunidade em que Ângelo detalhou os meandros da operação, que se chamaria *Safari*.

— Ela será bem simples — ponderou Ângelo. — Consistirá apenas, como já falei, de duas escaramuças. Pica-Pau será o responsável pelo êxito da primeira. A ele incumbirá arrombar com um só chute a porta lateral do mercado e render clientes e empregados, gritando o seguinte mote: "Permaneçam quietinhos, nenhum pio. Doravante, até que eu me vá, suas vidas me pertencem!". Enquanto isso, eu, Carcará e Borboleta, roubamos tudo o que nossas sacolas suportarem.

Tudo parecia muito fácil. O êxito da Operação *Safari* dependia agora do empenho de todos e da boa vontade de uma velha camionete que transportaria os agentes até um local previamente combinado, e lá os aguardaria.

Assim foi feito. Os quatro chegaram ao centro da cidadezinha e puseram-se a observar a disposição das construções, comparando-as com os dados que tinham. Ficaram em dúvida quanto a duas casas, visto que ambas pareciam corresponder às indicações do mapa. Viram que em frente a uma delas havia um sem-número de motocicletas estacionadas. Ângelo, então, falou:

— O mercado é a casa que tem estacionadas as motocicletas, que certamente são dos clientes. Ao final da operação, podemos furtar uma e levá-la conosco. É a tua hora Pica-Pau. Vai e entra pela porta dos fundos.

Pica-Pau aquiesceu e foi. No limiar da porta, retrocedeu para tomar impulso e se precipitou sobre ela com um poderoso "coice", derrubando-a totalmente. A porta caiu sobre alguns que estavam no interior da casa.

— Permaneçam quietinhos, nenhum pio. Doravante, até que eu me vá, suas vidas me pertencem — balbuciou Pica-Pau.

Pica-Pau acabara de interromper uma reunião secreta de motoqueiros arruaceiros que discutiam sobre a melhor maneira de destruir uma escuderia rival. Percebendo a embrulhada em que quase se meteram, os outros três lograram escapar, e abandonaram Pica-Pau à própria sorte. Este infeliz tremia de medo. Suas mãos já não tinham forças para segurar um revólver que, depois se soube, sequer estava carregado. Um bárbaro, sem deixar de fitá-lo, esmigalhou com uma das mãos sua caneca de cerveja; outro, sem poder conter-se de tanto ódio, exibia um inchaço na veia do pescoço cuja circunferência era duas vezes maior que o bíceps de Pica-Pau. Ambos se dirigiram a ele, agarraram-no pelo pescoço e o sacudiram freneticamente, de modo que não se pode dizer categoricamente se Pica-Pau urinou de pavor ou se o fez por estímulos mecânicos. Depois, puseram-no de cócoras sobre o guidão de uma das motos, que circulou velozmente em torno da praça, obrigando Pica-Pau a segurar firmemente o casaco do motoqueiro para se agarrar desesperadamente à vida.

Depois de se fartarem de gracejos, gargalhadas e zombarias, resolveram despedir o infeliz, fazendo-o passar por um *corredor polonês* e, finalmente, deram-lhe um pé no traseiro.

Todo moído, Pica-Pau chegou até a camionete, onde o aguardavam os outros três integrantes da malsinada Operação *Safari*. Sem respostas para tudo o que havia acontecido, o grupo procurou encontrá-las imediatamente para, no dia seguinte, apresentá-las a *El Tigre*.

A CHEGADA DOS "CUBANOS"

Havia quinze dias que estávamos confinados no meio da selva, sem contato com o mundo exterior e sem referências, espacial e temporal, que não fossem aquelas, limitadíssimas, que Ângelo nos transmitia por ocasião dos exercícios diários. Mas naquele dia ele nos trouxe uma notícia curiosa e inesperada. Chegariam de Cuba, a qualquer momento, dez indivíduos que, por dois anos, haviam feito um curso intensivo de guerrilha naquele país. O fato não nos dizia respeito nem sequer nos trazia qualquer vantagem indireta. Mas, mesmo assim, ficamos contentes porque seria algo novo, que contribuiria para afastar o tédio e arrefecer as fervuras da ansiedade.

Com o concurso desses guerrilheiros especiais, esclareceu Ângelo, completar-se-ia o Pelotão de Assalto e Emboscada, composto pelos três destacamentos. Exultante com o acontecimento, Ângelo disse ainda que, em breve, os membros do aludido pelotão estariam aptos, isolada ou coletivamente, a suprimirem a burguesia não só através de instrumentos vulgares, como o punhal e o revólver, mas, sobretudo, por meios mais refinados e silenciosos, como o estrangulamento, envenenamento, asfixia por gases, inoculação de bactérias fulminantes e técnicas assemelhadas.

— O guerrilheiro não sente remorso e repugnância pelo ato de matar friamente outro ser humano? — perguntou Marreco.

— Nem remorso e nem repugnância. Para nós, comunistas, todo anticomunista é já um ser privado de vida. Frente a eles, temos a impressão de estar diante de mortos. Desde que passaram a integrar a burguesia, com seu afã de riqueza e prosperidade, renunciaram *ipso facto* a existência civil, ou seja, ainda respiram por tolerância e por razões burocráticas. Sendo burgueses, portanto, eles estão riscados logicamente do número dos vivos, donde nasce para nós, comunistas, já não digo o direito, mas o dever de exterminá-los.

Parece que nada mais nos escandalizava; nenhuma extravagância verbal ou comportamental era tão importante a ponto de nos melindrar ou abater. Movidos pelo ideal dos sobreviventes, agarrávamo-nos à vida a qualquer preço, ainda que isso significasse arriscá-la ou até mesmo perdê-la. Por isso, as palavras de Ângelo não tiveram um efeito deletério sobre o ânimo do grupo nem sobre o espírito de cada um. Ouvimos, calamo-nos e nos conduzimos ao refeitório, com a promessa de voltarmos ao pátio central, após o almoço, para a recepção aos recém-chegados.

Na hora aprazada já havia uma pequena multidão aguardando os guerrilheiros graduados em Cuba; homens especialmente treinados e cientificamente versados na arte de implodir o Estado, transtornar a sociedade e aterrorizar o cidadão.

Lentamente, foram se agrupando no fundo de um palco improvisado, em cuja extremidade havia uma tribuna, onde *El Tigre* pronunciaria um discurso de boas-vindas. Era o ápice do evento e todos estavam na expectativa de uma apoteose oratória. O Chefe pigarreou e deu início ao discurso:

— Vocês pensam que esses rapazes foram a Cuba estudar engenharia, medicina ou matemática? Vocês creem que eles, homens superiores, perderiam seu precioso tempo para aprender uma disciplina estéril, uma arte inútil ou uma ciência infecunda? Não, eles não foram a Cuba para isso. Lá, eles se dedicaram ao estudo da verdadeira ciência, daquela que enobrece o homem intrépido e encoraja o tímido, que eleva ambos ao mesmo tempo em que dota a pátria de conhecimentos que a fortalecem e da *praxis* que a liberta. Falo da ciência da obediência e do extermínio.

O conhecimento técnico, filosófico e científico não leva a nada. Eu mesmo jamais li um livro. No entanto não se deve equiparar, como o faz a cultura burguesa, o analfabetismo à estupidez. Sem falar de Homero, que era analfabeto, poderíamos citar, para ficar só no Brasil, ilustres políticos e festejados professores universitários que não sabem fazer um O com um copo.

Até há bem pouco tempo, havia no país um apreço exagerado pelo bacharelato. Então as letras eram ainda as "letras", e os homens de letras, seguros de sua importância, olhavam por cima do ombro os iletrados; mas hoje ocorre o contrário. Hoje, perdoem-me a força de expressão, o número derrotou a letra, a quantidade calou a qualidade, o apedeuta sucedeu o erudito.

Vivemos a época da grandiloquência dos demagogos ignorantes, que tanto servem o país. A grandiloquência, porém, não é a eloquência grande, como poderia parecer à primeira vista. É substancialmente o seu contrário. É a eloquência do homem a quem, precisamente por lhe faltarem os conceitos, sobram-lhe as palavras e, empanturrado destas, despeja-as indiscriminadamente sobre a população, despreocupado com incorreções gramaticais ou com regras sintáticas. Aliás, um estilo ruim revela sempre um caráter nobre, já que um texto falado ou escrito incorretamente terá sempre maior carga de sinceridade e de energia do que um requintado, mas dissimulado e frouxo.

Renunciemos, portanto, de uma vez por todas, a esse horrível título de intelectual. Intelectual quer dizer homem que trabalha com a inteligência, e que autor de esquerda trabalha com a inteligência no Brasil? Ora, se os nossos maiores expoentes trabalham sem ela, isso prova que a inteligência esteriliza e corrompe. Os verdadeiros escritores, os escritores socialistas, trabalham com o estômago, com o fígado, com o rim ou com qualquer outro órgão, nunca com o cérebro, o que lhes proporciona uma comunicação fácil e direta com outros analfabetos, com a gente ignara, com a patuleia vil e transgressora.

Mário Pimentel Albuquerque

No que diz respeito ao nosso país, quantos homens inteligentes tiveram êxito, por exemplo, na mídia? Unicamente os que renunciaram à inteligência e se adaptaram à estroinice. Todos os demais fracassaram e era de se esperar. Nos Estados Unidos, onde toda a civilização está baseada na inteligência, um homem burro é um homem defeituoso; mas a nossa cultura tem outros princípios, mais materialistas e mais populares, ou seja, aqui, o homem defeituoso é precisamente o homem inteligente.

Nesse ponto do discurso, as palmas abafaram a voz do orador. Ângelo, que estava perfilado junto a uma grande bandeira vermelha, desmanchava-se em lágrimas. Não parava de gritar: "Fogo aos livros!", "Às favas a inteligência!".

Terminado o evento, Marreco se atreveu a interpelar, novamente, o nosso instrutor:

— Se o propósito dos comunistas é obrigar o homem a abrir mão da cultura, por que os dirigentes socialistas se arrogam o direito de usufruir dela, de se beneficiar das conquistas da inteligência humana?

— Os leigos incorrem sempre nos mesmos equívocos — respondeu Ângelo, enxugando as lágrimas. — Como todos os redentores da humanidade, *El Tigre*, assim como os nossos dirigentes partidários, deve sacrificar-se pela felicidade alheia. Semelhantemente a Moisés, foi-lhe concedido entrever a terra prometida, mas não deve entrar nela. De outro modo, quem dirigiria a imensa obra de brutificação que Marx concebeu? Quem difundiria a doutrina redentora? Esses homens geniais, a exemplo de Stalin, Mao e Fidel, são exatamente o oposto do domador de grandes felinos: devem transformar os civilizados em selvagens, como foi explicado a vocês no primeiro dia. E se o domador deve ser feroz para dominar as feras, esses grandes guias da família humana, ao revés, devem conservar-se inteligentes para suprimir a inteligência.

Marreco tentou questioná-lo mais uma vez, mas em vão. Ângelo esquivou-se e intrometeu-se no aglomerado de admiradores do Chefe guerrilheiro e de seu *staff*. Marreco, desapontado, ensimesmou-se, como todo espírito que se satisfaz a si mesmo. Era sempre calado e reservado. Suas perguntas iam ao ponto e eram invariavelmente bem formuladas. Sua curiosidade excessiva revelava uma faceta característica do jovem inteligente, que nele contrastava com o temperamento grave, peculiar à idade madura. Observava tudo com muita atenção e, ao contrário de Beija-flor, jamais se queixava. Ambos tinham mais ou menos a mesma idade, mas se este tinha um espírito poético e lacrimoso, o outro apresentava um caráter forte e contestador que, diante de uma injustiça, não acaricia a vítima com um suspiro, mas, antes, profliga o malvado com o silogismo férreo de uma lógica imperturbável.

Marreco ia voltar esta tarde para o acampamento oprimido por algumas dúvidas, cujas respostas estavam além das forças do grupo fornecer. Era preciso aguardar o tempo necessário para solvê-las todas.

UMA OPERAÇÃO ROCAMBOLESCA

Reinava absoluto silêncio em toda a extensão da guerrilha, quando fomos despertados por um intenso ruído que vinha do pátio central. Eram os integrantes do Destacamento C, os cubanos, que se exercitavam. Alguns curiosos se postaram nas extremidades do pátio para assistir ao treinamento do pelotão mais bem treinado da **A.S.N.** Concluídos os exercícios físicos, começou uma palestra do professor de psicologia, que versava sobre Bakunin, cuja vida aventureira, associada ao terrorismo, entusiasmou os guerrilheiros.

— Tem que trazê-lo aqui. Ouvir de sua boca suas próprias façanhas será, para nós, um grande estímulo para imitá-lo — disseram alguns cubanos.

— Eu o faria com imenso prazer — respondeu o palestrante —, mas é impossível: Bakunin morreu há muitos anos.

— Morreu?! – gritou alguém. – E quem deu o tiro de misericórdia?

Aqueles homens, habituados à violência, não podiam conceber que uma vida se extinguisse por uma infecção ou por um infarto. A morte natural, para eles, era a morte produzida por arma de fogo. Daí sua insólita forma de convivência social e de expansão sentimental. Socos, pontapés e tiros constituíam os itens necessários de suas regras de etiqueta. Uma cotovelada era o equivalente ao nosso aperto de mão. Vi um cubano, para chamar a atenção de outro, dar-lhe um tiro de raspão na orelha.

Observando esses homens se digladiarem, cheguei à conclusão de que o êxito da revolução armada socialista se deve à falta de mulheres. Sem mulheres, a energia remanescente do revolucionário comunista é toda ela aplicada sobre o inimigo, sem descanso, sem trégua, sem piedade. Não lhes é permitido sequer um alívio privado e momentâneo. Che Guevara, que era médico e sabia do poder subversor da testosterona, punia com a morte a quem surpreendesse satisfazendo apetites venéreos.

Era um excesso de energia que, não podendo manifestar-se normal e naturalmente, extravazava sob a forma de arruaça, de implicância com os ricos e de antipatia aos cristãos.

Toda essa carga energética reprimida iria ser utilizada naquele mesmo dia, quando aos cubanos seria confiada uma missão especial, destinada, segundo as palavras do chefe, a enfraquecer o moral dos militares e alertar a população. A operação consistia em plantar diversas bombas no centro e no entorno da cidade, com vistas a produzir grande prejuízo econômico.

Inicialmente, coube a dois homens arrombar três carros estacionados à distância não inferior a quinhentos metros um do outro, enchê-los de dinamite e armar o dispositivo de detonação. Outros homens deveriam distribuir os explosivos em locais de grande visibilidade, como os Correios, a Prefeitura e a rodoviária.

Aproximadamente às 18h, a primeira bomba explodiu numa ponte desativada havia já muitos anos, e era promessa da Prefeitura construir outra no local mais resistente e mais moderna. De certo modo, a explosão facilitou o trabalho do prefeito. Outra explosão ocorreu nas imediações da rodoviária, sem vítimas. Os cubanos confundiram um buraco do metrô com uma passagem subterrânea para a rodoviária. O trabalho de alargamento do vão, que deveria ser feito em dois dias com britadeiras e picaretas, foi realizado em surpreendentes trinta segundos com dinamite.

Apenas dez minutos após a última explosão deveriam ter explodido os três carros-bomba, que tinham um detonador comum de fabricação cubana. Graças a um defeito neste, nem os carros nem os seus proprietários sofreram quaisquer danos.

A grande expectativa da guerrilha, porém, estava depositada na explosão de um hotel de doze andares, situado no centro da cidade. O plano consistia em introduzir um homem no edifício, cuja missão seria plantar dinamites em cada andar, começando pelo décimo segundo. Quando o cubano chegou ao último andar do hotel, disfarçado de servente, ouviram-se gritos:

— Fogo! Fogo!

De repente, a confusão se estabeleceu e o pânico tomou conta de cada hóspede. Todos correram para o elevador, mas o elevador não funcionava. As chamas já começavam a fazer um progresso rápido e a temperatura subia. Uma multidão acorreu à escada, mas foi detida por um bombeiro, que disse:

— A escada está em chamas! Utilizem a saída de emergência.

Essa saída de emergência era uma escada externa, na lateral do edifício, com cujas janelas se comunicava.

Das janelas se podiam ouvir vozes desesperadas:

— Primeiro as mulheres! – gritou alguém.

— As mulheres primeiro! – repetiram cem vozes, que em sua grande maioria eram vozes de mulheres.

O incêndio era grande. Do alto podiam-se ver, pelo menos, três carros de bombeiro. As mangueiras funcionavam a todo vapor.

— Evitemos o pânico e todos sobreviveremos – disse um abnegado hóspede.

Entretanto as mulheres tinham medo de pegar a escada. Uma delas, empurrada, já estava a ponto de cair. Vendo isso, o cubano, que tinha treinamento especial de sobrevivência, tomou-a nos braços e a desceu até a escada. Fez isso com todas as mulheres. A multidão embaixo ovacionou entusiasmada o grande herói.

Quando chegou à recepção do hotel, o cubano foi aclamado pelos fotógrafos, jornalistas e até pelo prefeito, que se dispôs a fazer um discurso breve de saudação:

— Meu rapaz, você será certamente a personalidade do ano. A democracia brasileira precisa de homens como você. Sensibilizarei o nosso general presidente para brindá-lo com a Ordem do Cruzeiro do Sul.

Sem palavras e desapontado, o cubano agradeceu com um gesto de cabeça, esquivou-se da multidão que o festejava e seguiu para o ponto de encontro onde estava a camionete que os levaria de volta para a **A.S.N.** No trajeto, urdiram um plano rocambolesco e mentiroso, consistente em mostrar para *El Tigre* uma versão bem-sucedida da fracassada operação.

A PRISÃO DE PICA-PAU

Afinal, amanheceu. Alguns conseguiram dormir; outros, permaneceram insones, mergulhados em dolorosas cogitações.

Beija-flor foi o primeiro a romper o silêncio com um amargo lamento. Referindo-se à situação deplorável de Pica-Pau, que parecia dormir o seu último sono, disse:

— Cada um de nós é um futuro cadáver. Todos nós agonizamos. Nosso quinhão neste lugar se resume ao

Mário Pimentel Albuquerque

direito de permanecermos vivos enquanto um ínfimo interesse da guerrilha não dispuser o contrário. A luta cotidiana contra a morte pode ser mais ou menos longa, pode durar alguns meses ou poucas horas, mas é inane e inglória. A morte nos consome e rói aos poucos o tecido de nossa existência, e já parcialmente desfigurados receberemos, mais cedo ou mais tarde, o golpe final que porá termo ao que resta em nós de uma frívola expectativa de sobrevivência.

Antes que os demais se associassem à perspectiva sombria de Beija-flor, Sabiá compreendeu que era preciso contemporizar.

— O sonho é vida — disse ele. — Enquanto pudermos sonhar, estejamos certos de que a vida está ao nosso lado. A vida não é ilusão, concedo, mas os sonhos e as ilusões fazem parte da vida, são elementos essenciais da realidade; são a mais alta, digna e nobre expressão da vida. Quando os homens sonham – com os olhos fechados ou com os olhos abertos – não são cadáveres, mas seres viventes que vivem numa ordem superior, heroicamente humana. Os homens nunca estão tão vivos como quando lutam para sobreviver, de modo que suas ilusões, seus sonhos formam parte da realidade espiritual que é a face sublime e inefável da realidade universal. Sonhemos, portanto, sonhemos com a vida e com a liberdade, porquanto os nossos sonhos e nossas ilusões, se animados com a fé, podem se tornar tão reais quanto a pedra que cai e a planta que cresce.

Sabiá ainda falava quando Ângelo irrompeu no acampamento. Parecia agitado e impaciente, talvez porque ou sentisse ainda as consequências da noite anterior ou temesse algo que estivesse por acontecer. O certo é que se dirigiu aos beliches de Pica-Pau, Carcará e Borboleta, despertou-os e levou-os com ele à presença de *El Tigre* que, irritado, aguardava a presença dos quatro protagonistas da Operação *Safari* para interrogá-los. Eu e Macuco fomos convidados a acompanhá-los.

O primeiro a falar foi Ângelo. Seu depoimento se concentrou na sua total irresponsabilidade, e se alguma culpa houve, acrescentou ele, ela devia ser atribuída ou ao responsável pela leitura do mapa, ou à inexperiência de Pica-Pau, ou, ainda, por ambas as coisas. Carcará e Borboleta negaram sua participação direta no resultado desastroso, limitando-se a afirmar que este teria ocorrido ainda que sem a presença de ambos.

Chegou a vez de Pica-Pau. *El Tigre* levantou-se e se dirigiu ao canto da sala para fitá-lo melhor. Ao cabo de alguns segundos, indagou acerca do mapa.

— Tinha-o contigo quando arrombaste a porta?

— Estava comigo — balbuciou Pica-Pau.

— Mesmo assim invadiste a casa errada. Por quê?

— É como o Ângelo falou. Eu sou inexperiente. Mexo com cozinha, não conheço armas nem servi o Exército.

— Tu acreditas seres culpado pelo que ocorreu?

— A maior culpa foi minha. Se fosse outro em meu lugar, talvez estivéssemos hoje comemorando nosso primeiro triunfo. Mas, infelizmente, não sou adestrado nas coisas de guerra. Por isso lhe peço humildemente que me despeça por justa causa e me dê apenas alguns trocados para que eu me vá e possa arrepender-me em paz de meus involuntários delitos e não me veja obrigado a cometer outros. Para a **A.S.N.** seria apenas um pequeno sacrifício, mas, para mim, um benefício imenso. Não pretendo viver folgadamente; basta-me não morrer de fome nem matar. Com minha liberdade, posso livrar-me do remorso e das penas eternas e dedicar-me inteiramente ao que gosto de fazer: viver entre as panelas.

— Tu só sairás daqui morto. E pelo crime que acabas de confessar, te imponho dois dias no calabouço a pão e água.

Não longe dali ficava a prisão onde a pena deveria ser cumprida. Pica-Pau começava a sofrer o rigor de uma pena injusta e infamante.

Os guardas arrastaram-no através de estreitos corredores, abriram uma primeira porta de ferro, desceram doze degraus, abriram uma segunda e lançaram bruscamente o prisioneiro sobre o chão encardido e úmido de um valhacouto imundo.

Pica-Pau, que até então só gemia, entrou em pânico e cedeu a um sentimento incontrolável de desespero quando se sentiu só no fundo da cela, onde a luz não penetrava. Algum tempo depois, ouviu-se um ruído na porta. Com as pernas bambas, Pica-Pau levantou-se espontaneamente e se dirigiu para o que esperava ser sua liberdade. Porém, apenas um compartimento da porta se abriu e por ele um guarda lhe ofereceu pão e uma garrafa d'água, que deviam ser sua única refeição para aquele dia. Pica-Pau recusou-a e pediu para falar com Ângelo. O guarda nada respondeu e, apesar da recusa, jogou o pão no chão da cela e desceu a garrafa com uma pequena corda. Pica-Pau, vendo que ele já se afastava, sem dizer sequer uma palavra, lançou-se contra a porta e num arroubo de desespero disse:

— Diz ao Chefe que o Ângelo é o único culpado. Sua covardia impediu-o de comandar-nos e agora o impede de confessar sua culpa. E diz mais: se eu tiver que passar a noite aqui, vou quebrar minha cabeça contra a parede.

— Dois prisioneiros morreram dessa maneira nesta mesma cela — respondeu o guarda, que se afastou rapidamente, deixando Pica-Pau só e na escuridão.

O cativeiro e o isolamento acabam por embrutecer o homem. Um dia passado nessas condições leva ao desencorajamento e ao desespero qualquer criatura, ainda que de temperamento altivo e desassombrado. Mil pensamentos sinistros vêm assaltá-lo e mil vezes o infeliz tem que buscar forças para resisti-los e para sobreviver a uma conspiração de circunstâncias que trama a sua morte lenta e irreversível. Várias vezes passou pela cabeça de Pica-Pau executar o projeto que concebera de espatifar sua cabeça, e várias vezes o reteve, seja por um resto de instinto de sobrevivência, seja por temor de uma morte em vão e desacompanhada de seus entes queridos. Esse homem simples e naturalmente alegre, cuja vida fora marcada não por grandes lampejos da fortuna, que é incerta, mas por um cintilar constante de pequenas alegrias que abrasam o coração e deixam marcas indeléveis na alma, curvava--se agora ante a lembrança da casa paterna, enquanto as lágrimas inundavam-lhe o rosto. Toda energia parecia ter desaparecido de seu coração. O horror da masmorra tinha vencido o mais feliz dos homens.

Pela manhã, porém, embora seu sangue ainda estivesse agitado pela vigília dolorosa de toda a noite, o tumulto de suas ideias se acalmou e, cedendo à fadiga, Pica-Pau adormeceu.

No acampamento era grande a preocupação com a sorte de Pica-Pau. Sabíamos da sua fragilidade psicológica, mas ignorávamos até que ponto sua consistência física poderia suportar tantos abalos e provações. Questionávamos acerca da humanidade dessa gente à qual servíamos. De onde vinha tanta maldade? Por que tanto ódio destilado contra o gênero humano e suas crenças? Qual a razão da furiosa investida contra cidadãos abonados, cujo único "pecado" foi o de terem prosperado com inteligência e trabalho? Então Sabiá, perguntado pela causa de tanto mal, respondeu:

— Houve um século grego e um século romano; houve o século de ouro na Espanha, *Le Grand Siècle*, da França, e o imponente século da Inglaterra: todos contribuíram, a seu modo, para o progresso da humanidade, para a consolidação da civilização cristã. Acontece que, a partir do final do século XVIII, começou a haver dispersão de energia humana, provocada pela expansão desenfreada do erro e da corrupção do homem, levando à situação de desequilíbrio social, e daí à sua degradação entrópica. Começa a surgir, então, o fenômeno da anticivilização, que se manifesta por sintomas característicos aos quais, conjuntamente, denominamos barbárie.

Mário Pimentel Albuquerque

Até princípios do século XX, o bárbaro nada mais era que um personagem literário, um tema de oratória ou um termo pejorativo. Hoje em dia, o bárbaro começa a ser mestre e já se prepara para ser modelo e senhor. Seu objetivo inarredável é resistir a tudo que é produto da evolução social, gradual e complexa. Almeja a regressão a tipos sociais primitivos, como a horda, o bando, o rebanho. Daí seu apego exagerado à igualdade e radical desprezo pela liberdade. Se aplicássemos sempre, diz Hayek, inalteradas e irrestritas as regras do microcosmo (isto é, o pequeno grupo ou horda, ou, digamos, nossa família) ao macrocosmo (nossa civilização global), como nossos instintos e anseios sentimentais nos incitam com frequência que desejemos, *nós o destruiríamos*. Pois bem! Isso é exatamente o que a barbárie deseja, a saber: a destruição da civilização, da ordem complexa, do macrocosmo, e a implantação do microcosmo (horda, rebanho, igualdade), elegendo o instinto como forma básica do conhecimento, e, por fim, o embrutecimento do homem.

Creio que vocês já perceberam que quando eu digo barbárie, estou falando do comunismo. Sem esse esclarecimento inicial, seria impossível compreender, por exemplo, a adesão massiva de intelectuais a um regime político responsável pela morte de mais de 150 milhões de pessoas.

— Quer dizer que o comunismo prefere o instinto à razão? – perguntou Beija-flor.

— Exato. Isso se deve ao legado de Rousseau, a quem os esquerdistas apreciam com paixão. Esse filósofo denegria a racional Atenas e cultuava o instinto militar dos espartanos. Mas a subversão espiritual, intelectual e estética, devida ao instinto, é ainda mais evidente e total. No século XVIII, o homem ocidental era um orgulhoso burguês; no século XIX, converteu-se num ingênuo socialista; no XX, é vítima do complexo de costumes, de estilos e de mitos que se poderia chamar de barbárie comunista. Hoje em dia, essa mudança, ou melhor, desagregação, é ainda mais perceptível e seus efeitos não se farão demasiado esperar.

— E os comunistas querem nos impor a condição de escravos pelas armas? — indagou Borboleta.

— Não só pelas armas — respondeu Sabiá —, mas, principalmente, pela destruição da nossa civilização cristã. O comunista, com seu atávico gosto pela violência, com sua estridência demagógica e mentirosa, com seu comportamento grotesco e truculento, com seu fanatismo impudente, está influenciando gradativamente a vida de povos que, até ontem, se orgulhavam de sua superioridade sobre os selvagens.

A penetração bárbara na nossa civilização foi, durante décadas, surda e insidiosa, e começou como geralmente acontece, pela literatura. Escritores, poetas e filósofos fizeram a apologia do *bon sauvage* e alguns românticos enalteceram a cultura iletrada. Mas hoje não se trata somente de literatura. Os bárbaros, durante tantos séculos considerados como inimigos do gênero humano, se preparam agora, se formos coniventes com a agenda socialista, para assumir o protagonismo social e político do Ocidente, mediante o extermínio de toda oposição e de qualquer liderança. O mundo está se tornando mais bárbaro em suas predileções e em suas paixões, o que irá tornando mais fácil, por óbvias razões e afinidades eletivas, a hegemonia comunista.

— Se depender de mim não ficaremos aqui sequer mais um dia — opinou Borboleta.

— Não nos precipitemos — ponderou Sabiá. — A pressa não militará a nosso favor. Nós estamos aqui temporariamente, mas não somos daqui nem por filiação ideológica nem por aversão ao governo do país. Provavelmente, estamos em algum lugar da Mata Atlântica, de sorte que a sobrevivência, em caso de fuga, não será impossível. Mas quando calhar a oportunidade, não fugiremos em massa, o que facilitaria enormemente a nossa captura. Fa-lo-emos individualmente, cada um por si e sempre à sombra de uma circunstância favorável.

UM DISCURSO DE *EL TIGRE*

Sentença dada, sentença aplicada. Somente no caso de delitos graves, como no de traição, o processo tinha início perante um colegiado presidido por *El Tigre*, com recurso para este último. Nos demais casos, *El Tigre* decidia soberana e irrecorrivelmente. Por isso que Pica-Pau foi conduzido ao calabouço para o cumprimento imediato da pena, a despeito de sua manifesta inocência.

Como para os comunistas o castigo não tem um caráter retributivo, mas meramente exemplar, o fato não ficou impune nem o sentimento de impunidade brotou no seio da guerrilha, conquanto a punição não tenha recaído sobre o verdadeiro responsável pelo desastre. De qualquer modo, a pena tinha atingido seu único objetivo, e a prisão de Pica-Pau isentava a guerrilha da responsabilidade pelo insucesso da Operação *Safari*. Era tudo o que *El Tigre* queria; sua intenção agora consistia em apresentar uma versão favorável dos fatos e em destacar "os reiterados fracassos em que incorreram as guerrilhas coirmãs, todas elas, dizia, capitaneadas por gente incompetente e fastidiosa que quase sempre se queixam ou se lamentam, sem que nunca confessem seus próprios erros".

Para ouvir a exposição de *El Tigre*, reuniram-se todos os integrantes da **A.S.N.**, inclusive os professores, alunos e convidados. Disse, então, o Chefe:

— É com grande satisfação que eu digo a vocês que o responsável pelo insucesso da Operação *Safari* já está preso. Nosso planejamento estratégico está confiado a um pessoal altamente capacitado e imbuído da elevada missão que a revolução socialista encomendou à **A.S.N.** Os deslizes individuais, contudo, são imprevisíveis e incontroláveis. Diferentemente de outros grupos guerrilheiros, os números de nossos fracassos são relativamente irrisórios, a demonstrar que a superioridade da nossa instituição descansa na excelência de seus objetivos e na eficiência dos homens e dos meios proporcionados às diferentes finalidades determinadas pelo nosso indefectível setor de inteligência.

Confesso a vocês, muito embora eu possa parecer um revisionista que, segundo creio, a violência deve ser empregada racionalmente. É inadmissível, por exemplo, a prática de um ato violento contra pessoa distinta daquela que, por razões estratégicas, devia sofrê-lo. Não é que me mova a piedade por um assassinato sem causa, mas é-me intolerável saber que, a despeito dos esforços despendidos na concepção e execução de um homicídio, seu resultado natural seja frustrado por negligência ou incompetência. Foi precisamente o que aconteceu recentemente no aero-porto de Recife e no desnecessário atentado que vitimou um coronel do exército americano, no Rio. Em ambos os casos, um bando de assassinos estabanados, sedentos de sangue, transgrediram todas as regras do bom senso e confiaram exclusivamente no instinto de vingança para obter um resultado que invariavelmente só se concretiza se for precedido de rigor técnico e planejamento coerente.

Vale registrar também um exemplo que deixa claro que o açodamento em derramar sangue produz exata-mente o efeito contrário, se é que produz algum. Uma organização guerrilheira no Rio entupiu um veículo com dinamite para que a explosão levasse pelos ares um quartel do Exército. Ora, esses guerrilheiros estúpidos deveriam saber que a quantidade de explosivos empregada era suficiente para danificar apenas a entrada do quartel, imolando-se eventualmente a vida de algum sentinela e nada mais. O que conseguiram eles com essa aventura sanguinária? Apenas a morte de um soldado raso.

A prática desses atos ineficazes deve ser evitada a qual-quer custo. Não só porque o insucesso acabrunha e abate o moral do combatente, mas, sobretudo, porque devemos trazer a opinião pública para o nosso lado. Amanhã, caso a revolução socialista não vingue, teremos amplas condições de seduzir os crédulos, persuadindo-os de que lutávamos pela democracia e pela liberdade, com vistas à obtenção de reconhecimento e de polpudas indenizações.

Ademais, a incoerência desse pessoal leigo e açodado não tem limites. Sempre após um atentado, seus mentores apressam-se em proclamar que o cometeram em nome da liberdade e da democracia. Duas palavras que designam coisas que eu deploro e abomino. Eu simularei, para que não me tomem por insensato, que não sou inimigo declarado da liberdade; mas, ainda: fingirei querer livrá-la de seus falsos sacerdotes e de políticos aproveitadores, de modo que a minha conclusão embase meu juízo e confirme minhas atitudes. Assim é que eu entendo os historiadores que nos contam fatos grandiosos de povos livres; entendo também os jornalistas que exaltam a liberdade, dando como exemplos os fatos do dia a dia; entendo os lógicos que, sob o império de um raciocínio rigoroso, demonstram que a liberdade encoraja o pensamento; entendo, inclusive, os economistas, que pregam a liberdade econômica como mola para o desenvolvimento social; mas não posso entender um comunista que prega a liberdade. Ou ele é mentiroso ou se engana ao autointitular-se de esquerda. Os próprios fundadores do socialismo não ocultavam suas intenções. Consideravam a liberdade de pensamento como o mal radical do século XIX. Não sejamos hipócritas. Assumamos que o comunismo e a democracia são termos antitéticos. "Esta estende a esfera de liberdade individual (dizia Tocqueville); aquele a restringe. A democracia atribui todo valor possível ao indivíduo; o socialismo faz de cada homem um simples agente, um simples número. A democracia e o socialismo só têm em comum uma palavra: igualdade. Mas advirta-se a diferença: enquanto a democracia aspira à igualdade na liberdade, o socialismo aspira à igualdade na coerção e na servidão". Eu diria, porém, na disciplina e no treinamento.

A meu juízo, a liberdade é uma grande ameaça à nova ordem que há de vir. Não nego que ela possua um valor intrínseco e que será de grande utilidade quando o homem souber usá-la dentro de limites que a coletividade comporte e autorize. Até lá, é necessário que a vontade humana obedeça a Razão do Estado. Comparativamente à máquina, o homem é um artefato de primeira geração para cuja operação necessita de um operador externo e mais inteligente. A exemplo de um robô, que opera sozinho, o homem comunista de última geração fará outro tanto, independentemente da assistência permanente de um guia, porque, nesse estágio, não será mais possível errar, ou seja, desobedecer os comandos interiorizados por pulsões cerebrais e reflexos condicionados.

O JULGAMENTO DE CARCARÁ

Eis que chego ao ponto culminante do drama vivenciado por dez homens que foram arrastados pelo destino à condição miserável de escravos de um louco ambicioso e cruel. Tudo o que a crueldade dos tiranos acumulou e que seus sucessores, ao longo de décadas, aperfeiçoaram, iria ser posto em obra contra uma vítima decente e inofensiva: Carcará.

Não suportando mais a privação da palavra de Deus, Carcará tomou-se de coragem e se dirigiu diretamente a *El Tigre*, a quem pediu a devolução da Bíblia confiscada. Ou porque não via motivos para levantar o confisco, ou porque sentia sua dignidade de chefe atingida com a quebra de hierarquia, fato é que *El Tigre* denegou o pedido, ao mesmo tempo em que exigiu a sua imediata retirada do gabinete. Carcará não se conteve e retrucou:

— Tu serás o responsável perante Deus porque negas alimento à minha alma faminta.

— Como é isso?! Tu és o que mais come na minha mesa! – exclamou o Chefe.

— Nem só de pão vive o homem – respondeu Carcará –, mas de toda palavra que sai da boca de Deus.

Enfurecido, *El Tigre* pegou a Bíblia no armário e fê-la em pedaços. E disse, ainda:

— Agora não tens mais motivos para me aborrecer. Sai imediatamente e não voltes a me importunar.

Incrédulo com o que tinha visto e ouvido, Carcará voltou ao acampamento e, ainda traumatizado, contou-nos o acontecido.

— Pois bem – disse ele. – Esse monstro não teme ultrajar Deus face a face nem profanar os santos costumes da religião cristã.

— Ele arderá no fogo do inferno – acrescentou Borboleta.

— Mas enquanto ele não queima no outro mundo, esse miserável nos faz sofrer como danados neste – retomou Carcará. – Será que este dia não poderia ser o último para esse sacrílego?

— A menos que haja um milagre do céu – respondeu serenamente Sabiá –, não creio que isso possa ocorrer. A mão que tentasse fazê-lo seria demasiado louca e imprudente. Deus se serve do povo para castigar os tiranos; somente o povo pode fazer justiça.

— Podemos deixar registrada por escrito essa profanação para que a posteridade a conheça e a deplore – disse Beija-flor.

— Isso não basta – disse Carcará. – Sem dúvida, esses epigramas anônimos que se repetem contra os agnósticos servem para esclarecer o povo e fazê-lo detestar o ateísmo, mas hoje isso não é suficiente. Deus foi atacado à luz do dia, é à luz do dia que ele deve ser desagravado.

— E quem ousará fazê-lo? — perguntou Borboleta.

— Eu — disse Carcará. — Eu, que nesta circunstância sou o caudilho da palavra de Deus, como *El Tigre* o é da guerrilha. Ele ofendeu a majestade divina, o ministro de Deus deve vingar a ofensa. Do púlpito da verdade, só a verdade deve ser proclamada. Amanhã eu revelarei tudo a todos os guerrilheiros. Amanhã eu apontarei o escândalo. Amanhã eu maldirei o sacrílego.

— É muito cedo — disse Sabiá.

— É muito tarde — respondeu Carcará —, pois o escândalo, se não repelido a tempo, sufoca a fé e encoraja o escandaloso.

— *El Tigre* saberá vingar-se cruelmente dessa ofensa.

— Ele não ousará fazê-lo.

— E se ele o fizer? — insistiu Sabiá.

— Não há mais mártires cristãos. Haverá um aqui.

No dia seguinte, a praça central estava cheia de gente, em razão do trabalho de divulgação que, clandestinamente, fora feito nas últimas vinte e quatro horas. O orador optou por tema *a verdadeira piedade*. Seu discurso foi inicialmente doce e consolador, mas, animando-se pouco a pouco, ele transmitiu à pequena multidão que o ouvia a palavra *sacrilégio*, da qual fez uma descrição hedionda, dando como exemplo dela o ato abominável praticado por *El Tigre*, para estupefação geral do auditório sobre o qual Carcará verteu, incessantemente, a lava rubra de sua eloquência e indignação.

— Esse homem — disse ele —, a quem nós respeitamos e obedecemos como chefe, se recusa a obedecer e a respeitar a quem lhe deu poder sobre nós, mas que pode retirar-lho a qualquer tempo, desde que não cesse a tirania e não se repare a profanação.

Risos histéricos e clamores indignados se fizeram ouvir na assembleia. Gritos de toda espécie interromperam por um instante aquilo que poderia ser considerado um sermão. Carcará, porém, não se limitou ao que já dissera. Com um gesto, pediu silêncio e retomou o discurso com mais veemência que nunca. Mas desta vez ele deu asas à sua eloquência e, após ter falado à raia miúda, dirigiu-se duramente à elite, que acabava de chegar, nas pessoas dos chefes de destacamento. Incontinenti, eles dissolveram a multidão e, em seguida, dirigiram-se ao gabinete da chefia para relatar o ocorrido. Nesse momento, *El Tigre* entregava-se à leitura de revistas pornográficas, hábito que havia adquirido por ocasião de sua última viagem à China, e não admitia ser incomodado durante o exercício dessa ocupação. De qualquer modo, os três homens irromperam esbaforidos no gabinete e contaram ao chefe a afronta pública que lhe fizera Carcará. *El Tigre*, ciente do problema e alterado pelo vinho e pelo espasmo voluptuoso associado à sua preferência literária, não se conteve e, furioso, disse:

— Carcará vai pagar caro por isso. Que ele seja enforcado imediatamente no centro da praça onde a traição e o motim foram cometidos.

— Devo alertá-lo — disse Ângelo —, que, nesses casos, ao Tribunal compete o julgamento, consoante o nosso regulamento.

— Pois que seja assim. Reúna-se o Tribunal no prazo regulamentar, dando-se ciência ao réu.

Ângelo tentou ainda contemporizar, dizendo:

— Com a morte de Carcará, morrerá também nossa galinha de ovos de ouro. Ele é muito engraçado e divertido, suas tiradas são proverbiais. Se ele for mandado para o outro mundo, quem nos fará rir neste? Há circunstâncias em que a fraqueza dos chefes, escusável do ponto de vista da humanidade, seria uma desonra diante dos subordinados, se eles a conhecessem, mas isso não pode nem motivar uma injustiça nem fazer uma vítima. Carcará não é nem um traidor, nem um rebelde, é um louco inofensivo e, como tal, é passível de tratamento especial, que a clemência dessa chefia saberá deferir.

— Antes que eu me retire para não assistir a uma discussão na qual meu dever me proíbe de tomar parte — disse o Chefe do Destacamento A —, quero deixar registrado que o perdão, nesse caso, pode ser interpretado como impunidade e dar margem a frequentes sublevações e habituais desordens.

— O Tribunal decidirá. Que a convocação dos membros preceda em duas horas a sessão de julgamento — concluiu *El Tigre*.

— Enquanto a sorte de Carcará era decidida no pavilhão da chefia, Pica-Pau regressava ao acampamento. Abatido e exangue, de sua boca, descorada pela fome, não saíam senão ruídos inarticulados, sons roucos e ininteligíveis. Pica-Pau, alheio a tudo que acontecia ao seu redor, desabou sobre a cama mais próxima e adormeceu. Macuco, vencido pela cólera, esbravejou:

— Malditos! Quadrilha de assassinos! Os dias de vocês estão contados. A corda que os enforcará já oscila no patíbulo. Vou dizer agora a esse tigre de papel o que ninguém tem coragem de fazê-lo ouvir.

Macuco levantou-se apressadamente e já ia transpondo a soleira da porta, quando Sabiá o deteve:

— Há um provérbio italiano que diz que é mais prudente suportar o que não se pode impedir do que perder o tempo, ou a própria vida, tentando o impossível. Eu o observo sempre. Se quer sair desta, faça o mesmo.

— Jamais vou curvar a espinha — respondeu Macuco.

— A maior virtude deste mundo é a paciência; o maior vício é a cólera. Tenha, pois, paciência e contém a tua cólera. Um dia virá em que o poder do Chefe será confrontado e nós seremos senhores então. Mas até lá, prudência — falou Sabiá e Macuco aquiesceu.

Mário Pimentel Albuquerque

O manto negro da noite já cobria toda a extensão da imensa área que, por questão de segurança, não era permitido iluminar-se artificialmente. Só o clarão da lua nos permitia aguardar de longe o desfecho da sessão secreta, que já perdurava por mais de duas horas. Ninguém queria falar, alguns balbuciavam jaculatórias indiscerníveis. Até mesmo Pica-Pau veio somar-se às nossas aflições. De repente, Beija-flor interrompeu o silêncio e disse:

— A porta se abriu. Alguém vem em nossa direção, mas não é o Carcará.

Era Ângelo, que, cabisbaixo e contrafeito, deu-nos a notícia que não queríamos definitivamente ouvir:

— Sinto muito! Carcará foi condenado à morte. Não me é lícito comentar a sentença, mas, por respeito ao homem, devo falar do sentenciado. Ele foi bravo sempre e nunca admitiu culpa por ter reagido a um ato que entendeu ser uma profanação contra a palavra de Deus. Jamais vacilante e provocativo às vezes, Carcará desafiou o Chefe para que confessasse quem foi mais valente na hora da morte: Che Guevara, que ele idolatrava, ou o próprio Carcará, que ele mesmo mandava imolar. Foi sua última vontade deixar o retrato de sua mulher para que, havendo um sobrevivente, este o entregue a ela como prova de seu infinito amor. Sua execução está marcada para o amanhecer do dia seguinte. Até lá Carcará permanecerá isolado numa cela onde só o capelão poderá ter acesso.

Disse isso e se retirou. Por um momento ninguém se atreveu a falar. O abalo era muito recente e o corpo necessita de um tempo para se refazer do trauma que, quando é moral e extremo, desgarra o espírito do ponto de equilíbrio que separa a sensatez do desvario, produzindo o delírio e a prostração. Passado algum tempo, a explosão interior se transformou em água, água no seu estado mais sublime, água que brota dos olhos vinda do coração, água que recebe o nome de lágrima, que o poeta diz ser a linguagem da dor. Chorávamos, urrávamos, fincávamos as unhas em nossas próprias carnes para que uma dor pudesse superar a outra. Até que, esgotados pelo estresse e vencidos pelo padecimento, ficamos à mercê do sono, que poupou o que ainda nos restava de energia vital.

A OPERAÇÃO DENTE POR DENTE

    Com a morte de Carcará, encarávamos todos os perigos com altivez e zombávamos de todos os reveses. Foi assim que, com supremo desdém, dez dias após a execução, comparecemos diante do Chefe, especialmente convocados para uma reunião urgente e sigilosa. Nesta se fizeram presentes os três destacamentos, com os respectivos chefes.

    — Convoco-os para uma missão de extrema gravidade – disse *El Tigre*. Nosso serviço de inteligência apurou, alguns dias atrás, que uma organização coirmã realizará uma operação cuja paternidade me pertence. À inveja, que é uma realidade em nosso meio, atribuo essa fraude intelectual, ou melhor, esse plágio indecente. Mas como à luta das armas deve preceder a da diplomacia, enviei um emissário ao Chefe da guerrilha no Rio, onde terá lugar a operação, com vistas a dissuadi-lo da realização de seu intento. Meu emissário levou com ele uma carta em que, polidamente, eu peço sua compreensão e respeito não só aos princípios que inspiram a confraria socialista, mas, sobretudo, às normas que tutelam a propriedade intelectual. Eis um resumo dela:

Prezado Confrade,

fui recentemente informado que, ainda nesta semana, mais precisamente na próxima quinta-feira, será deflagrada a operação *Olho por Olho*. Devo alertar-te que a ação desenvolvida nela é fruto de minha reflexão e acurado estudo, e como tal é objeto de proteção jurídica, através de ação própria. Lembro-me do *workshop* sobre Lavagem Cerebral, realizado em Havana, oportunidade em que expus minha ideia, essa mesma que agora queres me surrupiar, e fui ardentemente festejado como autor de uma proposição que iria abalar os fundamentos da sociedade burguesa e obter o reconhecimento de todo orbe socialista. Tu mesmo, naquela ocasião, me parabenizaste, acrescentando ainda que a força moral e a utilidade social da minha ideia estariam em pé de igualdade com as de Pasteur e de Sabin. Lembra-te? Por isso, renovo a minha súplica, recua no teu propósito, respeita o que é produto do esforço intelectual e da espontânea manifestação de um gênio criador. Tu, que és Chefe de uma organização de resistência, deves saber que temos nossa lei própria. A lei é lei, e tu fazes mal em te colocares acima dela. Exaltados pela tua condescendência de hoje para outra vez o ânimo popular não se contém, e em lugar de um direito que era preciso sacrificar ao exemplo, tu sacrificarás dez. Cordialmente, *El Tigre*.

A resposta, afinal, chegou ontem às minhas mãos. Os caracteres grosseiros e irregulares lugubremente se delineam sobre o papel, dando conta de que o autor da carta é um energúmeno ressentido, cuja boçalidade o inibe de dialogar com quem lhe é superior. Diz ele simplesmente: "Não respeito direitos fundados na liberdade e na propriedade burguesas". Será que esse idiota não sabe que essas restrições à liberdade e à propriedade se aplicam somente ao povo, jamais aos seus chefes? Será que essa besta não sabe que Stalin era proprietário de várias casas e fazendas, e Mao Tse Tung, de inúmeras chácaras e mansões?

No cúmulo da excitação raivosa, *El Tigre* mordia convulsivamente as unhas ao mesmo tempo em que puxava a ponta da barba. Se não fosse o expressivo fulgor que dardejava dos grandes olhos rasgados, qualquer um tomá-lo-ia, em vista das cores frescas e sadias da face, por algum inofensivo burguês metido numa farda de guerrilheiro. Mas se sucedia encrespar-se-lhe a barba, dilatarem-se-lhe as pupilas ao sopro ardente de uma disputa, aparecia *El Tigre* tal qual ele era: naturalmente vaidoso, irremediavelmente colérico, impiedosamente vingativo. Foi assim que, animado por tais sentimentos, prosseguiu seu discurso inflamado e enigmático, de vez que ele muito falava e nada concluía:

— Revolto-me ouvindo uma injúria. Nada mais natural. Além disso, tenho pouco apreço a amizade de um homem que me desconsidera a ponto de querer roubar-me o que julgo ser semelhante a um filho, isto é, a ideia que concebi e pari. Mas, pelo excesso da minha fúria, vocês podem julgar o valor da minha ideia.

El Tigre, sossegado pela evaporação da primeira cólera, dobrou tranquilamente a carta e tornou a metê-la no envelope. Prosseguiu então:

— Não posso dizer-lhes nada sobre ela, por enquanto. Vou revelá-la, sem dúvida, mas há de ser mais tarde e mais longe. No momento é o bastante saber que temos uma operação em vista, que se chamará *Dente por Dente*. Será uma operação arriscada, que acontecerá no Rio de Janeiro, sob os olhos do Estado Maior, e demandará muita frieza, coragem e disciplina. Oito homens serão deslocados para essa cidade amanhã pela manhã, quando todos deverão estar perfilados no pátio para o embarque, já asseados e alimentados. As instruções serão dadas durante a viagem, juntamente com as armas que serão utilizadas na operação. Desejo a todos boa sorte e aguardem a divulgação dos convocados.

Ficamos matutando qual seria essa ideia, seu peso moral e seu alcance humano. Devia ser, para todos nós, algo de um imenso valor objetivo para ser semelhante às façanhas de Pasteur e de Sabin.

— Seja o que for — observou Macuco —, não é certamente um ato político. A virtude não é fruto que brote naturalmente na árvore da política.

— De fato — concordou Sabiá —, mas em se tratando de *El Tigre*, não se pode inferir das palavras candentes do herói, o valor inestimável de seu heroísmo.

— Eu concordo — disse Borboleta. — Peçamos a Deus que seja algo extraordinariamente bom. Só assim teremos alguma coisa de que nos orgulhar quando sairmos daqui.

— Com essas reflexões, deixamos o lugar da reunião e já nos dirigíamos para o acampamento, quando alguém sugeriu a *choupana*.

Entre as coisas que o homem poetisa, uma das mais encantadoras é, de certo modo, a choupana. Essa era muito antiga, à beira do riacho, e tinha ao lado uma moenda de cana, velha máquina gótica sem elegância nem arte, mas que oferecia ao conjunto da paisagem uma rusticidade nobre. A choupana era negra e composta de grandes tábuas, como um tecido já velho e muito remendado. O teto exibia enormes vigas, sobre as quais repousava uma densa folhagem de tal modo enredadas que nem mesmo uma gota de chuva podia atravessar sua espessura. À primeira vista, tudo isso incomodava o olhar, mas depois de algum tempo, descobriam-se ali belezas encantadoras, como quando a lua enviava os seus raios; viam-se dançar então os vapores brancos em torno da choupana, à semelhança de um gênio prateado que, girando sem cessar, guardasse aquela centenária e misteriosa palhoça.

Atraídos pelo ruído e pela fome, os esquilos subiam ali sorrateiramente e, abrigados sob as madeiras inacessíveis, erguiam por vezes o focinho para comer o grão que se escondia por entre as fendas.

Dentro da choupana tudo era silêncio e paz: a mesa escura e pesada conservava toda sua pureza nativa; as cadeiras, feitas do mesmo pau, cercavam a mesa, uma em frente à outra, como se um jantar fosse ser servido ali. No sótão tinha o antigo dono a sua cama, que vibrava todas as vezes que se dava um passo; ao anoitecer brilhava o seu candeeiro, modesto farol que regozijava o olhar de quem passava próximo dali, em busca da trilha perdida.

Eis o lugar que os nove amigo escolheram para passar as últimas horas da noite que antecedeu o dia da operação *Dente por Dente*.

— Como os dias diferem — disse Borboleta. Ontem, alegria e triunfo. Hoje, nevoeiro e luto.

— Decerto — assentiu Macuco. — Carcará não está mais entre nós só porque era justo. Mas o seu assassino, que é cruel, vive ainda sem qualquer remorso. É destino desse maldito apoquentar-nos sempre, quer nós o batamos, como o fez Carcará, quer nos bata ele a nós.

— Não gosto de lugares ermos, sobretudo os destinados às visitas noturnas — disse Pica-Pau. — Há sempre um esconderijo qualquer onde os espiões observam, ou algum respiradouro que leva as vozes aonde não devem ir.

Macuco, então, levantou-se e começou a explorar a região em torno da choupana. De repente, do galho de uma mangueira saltou um homem quase sobre os ombros de Macuco, que o segurou firme, mas o espião, deixando um pedaço da roupa na mão daquele, logrou fugir. Perseguiu-o Macuco, mas ele desapareceu por entre as árvores, depois de uma furiosa corrida em que o perseguidor sofreu um sem-número de arranhões nas pernas e algumas pancadas na testa.

— Eu não disse?! — exclamou Pica-Pau. — Saiamos imediatamente daqui e nos abriguemos onde nossas vozes não são ouvidas nem nossa liberdade vigiada; de onde não deveríamos jamais sair, a menos que provocados a fazê-lo. Pareço-me com o gato que, entrando pela primeira vez em algum lugar, ausculta logo a atmosfera e sonda o terreno com as patas. Estamos entre inimigos e o último lugar em que o inimigo nos vai procurar é na nossa própria casa.

Falando assim, Pica-Pau se dirigiu para o acampamento e todos nós o seguimos, afinal, ele tinha razão, aquele espaço era verdadeiramente o nosso refúgio, onde à simplicidade quase monacal vinha somar-se uma razoável comodidade do bom gosto mundano. A vista do acampamento era admirável, o ar puríssimo, as camas confortáveis e os lençóis limpos. Nessa noite, encontramos sobre as camas duas convocações para participar da operação *Dente por Dente*. Uma era a minha cama; a outra, a do Macuco. Este, ainda sob o efeito do susto, disse:

— Jamais gostei das surpresas, mesmo na caça. Prefiro a luta igual e leal. Quero que o meu oponente, seja ele um javali, me veja de frente e escolha entre as probabilidades de ataque ou de defesa aquela que lhe parecer melhor. Aqui a caça é desconhecida e o caçador é um maníaco; e nós, buchas de canhão, não temos a liberdade sequer de optar ou pela luta ou pela rendição.

E assim, em meio a essas considerações e lamentos, o sono nos surpreendeu a todos, se bem que, quanto a mim e a Macuco, seu poder entorpecente não subjugou totalmente. Ambos despertamos com a sensação de que ficamos a dever algo ao nosso sistema nervoso. De qualquer modo, já havia amanhecido. O sol erguera-se radioso em céu limpo de nuvens. Sobre os velhos muros da **A.S.N.** projetava-se uma tênue luz que penetrava nos pátios interiores, nos jardins e no pavilhão imenso daquele isolado retiro, habilmente colocado pelo seu fundador ao abrigo da vista de quem passava na estrada.

Às sete em ponto, oito homens embarcaram numa velha camionete em direção ao Rio: dois de cada destacamento, Ângelo e *El Tigre*, que comandava a operação. Durante um bom tempo, o veículo transitou por caminhos solitários e escabrosos, cheios de árvores e de variada vegetação rasteira, até pegar a estrada. Ângelo dirigia e os demais permaneciam silentes, mas alertas, diante da possibilidade, advertida pelo Chefe, de uma *blitz* do Exército ou de qualquer outra situação não menos perigosa, já que a região que atravessávamos estava infestada de bandidos e de militantes de outras guerrilhas. Aliás, era a coqueluche da época criar focos de guerrilha como hoje se criam bandas de rock.

Pela tarde, quando já havíamos percorrido a metade da viagem, *El Tigre* quebrou o silêncio e disse:

— Chegou o momento de revelar-lhes o meu grande segredo. Tenham em mente sempre que a construção mental, à qual dou o nome de *magna cogitatio*, foi celebrada na Internacional Socialista e nas mais diversas assembleias e organismos internacionais, e naturalmente não foi fruto de um pensamento isolado nem de uma concepção gratuita. Antes, foi o produto de reflexões profundas e prolongadas meditações. Fiz-me por isso instruir em filosofia. Chamei para junto de mim, nos raros momentos de descanso, que a guerrilha me deixava, os melhores doutores, os mais sábios filósofos. Ensinaram-me que a verdade não reside numa mente, nem numa doutrina, nem numa religião, mas que é o produto de uma vontade engajada numa ideologia e a serviço de uma *praxis* revolucionária. Aprendi as belezas sublimes dessa filosofia e penetrei-me profundamente da excelsa grandeza de seus mistérios. Franqueei os arcanos insondáveis da ação humana e me convenci de que sua excelência reside na propriedade de suprimir uma vida abjeta e na de restabelecer o *status quo* anterior ao atentado, cometido por esta, contra uma vida superior. Por outras palavras, a repugnância à classe média, que persegue e mata nossos mártires, me consome ao ponto de fazer-me pensar se não

Mário Pimentel Albuquerque

haveria um modo prático e rápido de varrê-la radicalmente da Terra. Rostos zombeteiros diante de nossos valores, corpos de falsa virtude, me levam a desejar a matança total dessa classe como uma missão urgente de limpeza, como um dever. Como ainda não podemos realizá-la abrangente e sistematicamente, cumpre-nos dá-la início topicamente através de ações enérgicas e reparadoras dos agravos perpetrados contra as lideranças socialistas. Cabe, agora, a mim, a realização da tarefa de reparação por excelência, cuja execução tive de postergar indefinidamente em razão de grandes e intransponíveis obstáculos. Um deles, talvez o maior, era a necessidade de recorrer a muitos companheiros, a demasiados cúmplices. Tive, com infinito desgosto, de renunciar a esta sublime ideia por muito tempo. Sentia o remorso da minha impotência e o aguilhão pungente da minha culpável inércia. Seria quase impossível manter o segredo durante o período excessivamente longo da preparação. E apenas divulgada a coisa, haveria um só morto, mas outro seria o homicida.

Hoje, as circunstâncias mudaram radicalmente, de modo que estou pronto para cumprir minha missão histórica. Devo dizer-lhes que ainda hoje porei em prática a ideia redentora do proletariado, da qual invejará o militante comunista, *per seculum seculorum*, a concepção e o cumprimento. Eis que o dia de hoje não terminará sem que antes eu tenha imolado o assassino de *Che Guevara*.

Perplexos, entreolhávamo-nos, enquanto as sandices daquele estroina psicopata eram alardeadas como sendo provas da mais peremptória genialidade. Somente os "cubanos", assim chamávamos os integrantes do Destacamento C, levavam-no a sério e exortavam-no com seguidas palmas. Macuco, contudo, estava inquieto; a agitação de sua volumosa massa corporal produzia sucessivos sacolejos no banco da Kombi, e uma medalha de ferro que trazia na mão ficou retorcida com a força colossal daquele punho mitológico. Disse-me ele baixinho, quase murmurando:

— Haja o que houver, eu vou tentar.

Naquele momento, não entendi bem o que ele queria dizer. Interpretei suas palavras como uma exortação à paciência ou um mote de esperança. Enquanto essas coisas se passavam, *El Tigre* estendia sua peroração inflamada até os confins da nossa resistência:

— Trata-se de um boliviano que atualmente reside no Rio de Janeiro, onde faz um curso no Estado Maior das Forças Armadas. Eis aqui uma foto dele. Meu serviço de informação apurou que o nosso alvo sai de casa, na Gávea, todos os dias, às 19 horas, em direção ao local do curso na Praia Vermelha. Nesse mesmo instante, Bem-te-vi sinalizará, acendendo um isqueiro. Quando o boliviano estiver bem próximo da Kombi, Macuco o imobilizará e o trará para dentro da camionete, ocasião em que os cubanos farão o "trabalho sujo". Aí, então, estará concluída minha missão. Minha ideia se fará carne e o mundo se renderá ao meu feito. Já posso ver-me cercado de fotógrafos. Vejo os repórteres crivando-me de perguntas e os principais jornais do mundo anunciando meu feito com letras garrafais: **UM HERÓI BRASILEIRO FAZ JUSTIÇA A CHE. PROVÁVEL ALIANÇA DE FIDEL COM *EL TIGRE*.**

A noite caía terrível e silenciosa quando chegamos ao local. Todos assomaram às janelas do veículo com o coração alterado, com os ouvidos aguçados, com olhos que procuram sondar a escuridão. As espessas sombras das grandes árvores e os gritos dos pássaros noturnos aumentavam nosso medo e fecundavam nossa imaginação com cenas escabrosas. Em dado momento, Ângelo disse: "A rua é esta". Para cumprir o nosso papel naquela trama diabólica, eu e Macuco descemos da Kombi. Tínhamos nossa respiração suspensa e os pelos arrepiados. A rua estava deserta e o silêncio era absoluto. Era tudo o que *El Tigre* queria, afinal, nada indicava que seu rival havia persistido no propósito de usurpar sua ideia e de pô-la em prática. De repente, por detrás da Kombi encostaram dois carros: por todos os lados apareceram tipos mal-encarados, que lhes ordenaram levantar as mãos. Os cubanos, que portavam pistolas, quiseram defender-se, mas foram prontamente desarmados. Ainda em choque, fui reconduzido para dentro do veículo. Macuco, aproveitando o tumulto, subiu a rua e desapareceu, não sem antes avisar o boliviano, que então descia a rua, para que retrocedesse, eis que dois assassinos o aguardavam mais à frente para matá-lo. Infelizmente, na correria, Macuco não pôde alertar outro que passava apressadamente por ele e se dirigia inexoravelmente para a morte.

Vários tiros de pistola se fizeram ouvir, e o corpo daquela vítima inocente tombou sobre uma poça de sangue. Um abutre fantasiado de guerrilheiro surrupiou impudentemente a pasta do cadáver para simular um assalto e depois, dando "Vivas a Che Guevara", a quadrilha de assassinos partiu em disparada. Abandonamos o local apressadamente, transidos de medo, sem que ninguém desse conta da ausência de Macuco. Para nosso espanto, vimos *El Tigre*, que até então olhava fixamente o cadáver, dar um urro e desatar-se em gargalhadas. Será que o ensandeceu o fracasso da operação? Pensei eu.

— Gente desastrada e estúpida! — gritou o Chefe. — Criaturas rasteiras e miseráveis, insetos venenosos, répteis agourentos, ferozes roedores, vocês mataram o homem errado!

Era a manifestação esfuziante de uma ira reprimida. As gargalhadas e os esgares repulsivos de *El Tigre* acompanharam-nos durante todo trajeto de volta à **A.S.N.** Naqueles tempos de astúcias, emboscadas e explosões, o recurso familiar dos grandes conspiradores, assim como dos mais abjetos terroristas, era o de tripudiar sobre as desgraças humanas e de apresentar o sangue inocente como o prêmio de seus horrendos triunfos.

Chegamos, finalmente, ao nosso destino. Uns cabisbaixos, outros aterrorizados; somente *El Tigre* regozijava-se. O rosto radiante denunciava a sua vitória. Dir-se-ia que o seu gênio mau, protegendo-o naquele dia, levantava-o pelos cabelos, impedindo-o de tocar trivialmente o chão.

A PRISÃO DE CANÁRIO

El Tigre chegou radiante ao pavilhão central, entrou sem ser visto pela pequena porta lateral e, no dia seguinte, depois do magnífico sono que prometera a si próprio, levantou-se, como de costume, cedo o bastante para satisfazer o mister cotidiano de um comandante que quer tudo organizar. Nesse dia, havia programado, com seu secretário de assuntos administrativos, a elaboração de um plano de execução da Parada, visto que o primeiro de maio já se aproximava. Apenas sentou-se em sua confortável cadeira giratória e deu-se conta de que nem todos haviam regressado com os demais guerrilheiros. Alguém tinha se evadido, e esse alguém era do Destacamento B. *El Tigre* mandou chamar imediatamente Ângelo para que desse explicações sobre aquela ausência.

— Senhor – disse respeitosamente Ângelo –, durante o tumulto não houve como seguir os passos dos meus dois subordinados. Depois que partimos, a minha atenção estava toda concentrada na direção do veículo. Só hoje percebi a ausência de Macuco, pois sua cama estava vazia e arrumada.

El Tigre tinha o semblante transtornado. A incomodidade da viagem, as consequências de sua anterior exaltação e a fixidez de pensamentos maus, agora agravados por uma notícia aterradora, tinham-lhe dado à fisionomia um aspecto sinistro.

— Com quê então – disse ele –, deixamos escapar um soldado? Pois bem! Para que aprendam a não usar mais esses artifícios, punirei o que se evadiu nas pessoas dos que ficaram. Qual é o nome daquele negro calado, que jamais sorri?

— Canário, senhor.

— Muito bem! Determino que Canário seja conduzido ao calabouço, onde permanecerá por dois dias a pão e água. Os remanescentes do Destacamento B ficarão privados de qualquer alimento por vinte e quatro horas. No caso de outra fuga ou tentativa de fuga, as penas serão agravadas.

Canário era um homem incomum. A ninguém temia, a todos respeitava. Alto, de fisionomia vivaz, aparentava pouco mais de trinta anos. Era parcimonioso em palavras, mas expedito na hora de agir. Sua performance nos treinamentos – era invariavelmente a melhor – atraíra-lhe a admiração de Ângelo, que dizia: "Quando eu tiver uma missão difícil e perigosa, confia-la-ei a Canário". Apesar de sua integridade moral e comportamento varonil, esse brasileiro de escol era levado agora inexplicavelmente ao calabouço.

Ângelo, depois de ter lido a ordem da chefia e considerado atentamente a figura serena do prisioneiro, que mostrava mais espanto que temor, mais curiosidade que cólera, contentou-se em desejar-lhe apenas força e resignação. Canário chegou enfim ao calabouço, conduzido por um carcereiro, a quem perguntou, com delicadeza persuasiva, se queria fazer-lhe o favor de responder a algumas perguntas, principalmente a esta:

— Onde estou eu e por que me trouxeram para cá?

O carcereiro, que era um velho baixo e insensível ao infortúnio alheio, respondeu calmamente:

— Está no calabouço, a pior prisão da guerrilha. Quanto à causa da sua prisão, deve sabê-la melhor que ninguém.

— Eu, senhor, ignoro-a absolutamente.

— Então, sabe-a o Chefe. É o quanto basta.

E o carcereiro, depois de escrever no registro o nome do prisioneiro, voltou-lhe as costas abruptamente. Canário, aturdido, apesar de sua firmeza, não achou mais nada a pedir ou a objetar. O carcereiro, em seguida, foi buscá-lo e conduziu-o a uma espécie de vão imundo, negro e sem ventilação, para onde a vítima era descida por uma roldana,

MEMÓRIAS DE UM GUERRILHEIRO

como se faz ao balde num poço. E ali, com os pés na água fria e o corpo despedaçado pela forma cônica do macabro receptáculo, onde não podia ficar deitado nem de pé, o prisioneiro expirava fatalmente nos primeiros quinze dias de custódia. Mas Canário não era qualquer prisioneiro...

No acampamento, o desânimo era geral. Com a morte de Carcará, a fuga de Macuco e a prisão de Canário, a natural liderança de Sabiá era cada vez mais posta à prova. Já se falava em suicídio generalizado ou fuga em massa. Sabiá, com o seu fresco rubor, indício dessa saúde de corpo e de espírito, sem a qual não existem verdadeira bondade nem verdadeira força, procurava animar os mais abatidos, pedindo-lhes o máximo de empenho para obter deles um pouco de disposição. Mas a palavra empenho não tem o mesmo significado para todo mundo. Alguns lamentavam a própria fraqueza, outros exageravam a força do inimigo. "Além disso, diziam todos, sem Macuco e sem Canário, perdemos força e coragem".

Nesse cenário sombrio de abatimento e fraqueza, brilhava ainda mais o vigor exuberante de Sabiá. Dizia ele:

— Contra a força têm os fracos a destreza e a inteligência, e podem vencer um forte. Se alguma vez me encontrar com algum malvado que eu julgue mais forte que eu, posso afiançar-lhes que lutarei mais confiado na inteligência que nos músculos.

Testemunhávamos o mais vivo e sincero reconhecimento ao nosso libertador, quando Ângelo entrou no acampamento. Pelo seu olhar comovido e as feições radiantes, pensamos que trazia alguma notícia ligada à libertação de Canário. Contudo não foi bem assim.

— Trago-lhes uma boa notícia: o primeiro de maio se festeja aqui com muita largueza. Organizamos uma parada militar e comemoramos a data do trabalhador com demonstrações de alegria e de júbilo, já que favorece, entre nós, o comunismo emancipador e justiceiro. Por outro lado, penso ser desnecessário encarecer que todos devem aparentar contentamento, angariar simpatias e esquecer dissensões. De mais a mais, estarão presentes autoridades e muitos convidados. Detestaria puni-los ou repreendê-los por conta de excessos facilmente evitáveis.

— Você poderia pedir ao Chefe que nos dispensasse um tratamento igual ao que recebem os cubanos —, ponderou Borboleta. — Assim, motivados pela igualdade de trato, ficaríamos menos expostos às censuras e às punições.

— Por acaso cuido eu de coisas tão insignificantes que tenha necessidade de entreter as poucas horas de descanso em chocalices de adolescentes? Valho eu tão pouco que chegue a merecer reprimendas de meu superior por encampar frívolas reivindicações de meus subordinados? Não pensem assim, porque vocês me ofendem.

Dito isso, Ângelo se retirou.

Borboleta compreendeu que dissera uma inconveniência. Preparava-se para repará-la, mas Sabiá o conteve, dizendo:

— Não vê que essa gente gosta de se vitimizar? Melindra-se quando se sente acuada diante de um pronunciamento que exige uma refutação incômoda para ela. Dia virá em que não nos será a nós – seus opositores – permitido falar, pensar, expor, cantar ou declamar sem que nos exponhamos ao patrulhamento opressor da sociedade em geral e dos meios de comunicação em particular, todos fabricados no molde do pensamento único. Uma frase solta ao acaso, um pensamento inocente, uma exposição imparcial, uma canção e uma poesia romântica darão azo a censuras arbitrárias, a perseguições políticas e ao assassinato de reputações. Convém, no entanto, que assim seja, quanto ao Brasil, visto que só tem direito à existência e à autodeterminação o país que triunfa de tais misérias e chagas sociais.

Não compreendemos muito bem o vaticínio de Sabiá, mas as lágrimas que corriam dos seus olhos eram para nós o testemunho crucial, a prova irrefutável de que dizia a verdade. De fato, hoje posso confirmar o acerto de sua asserção. Naqueles felizes tempos, por exemplo, chamava-se fascista ao homem que pregava a violência social, e ainda que não a promovesse, mas apenas a apoiasse, dava-se-lhe o mesmo nome. Hoje, os comunistas tiraram bem sua desforra, e como são eles que reinam e governam, deixaram o título de fascista para quem, paradoxalmente, ama a paz e o progresso.

No dia seguinte, pelas seis horas, quando o sol desapareceu de todo e a sombra das árvores se estendeu sobre a relva que cercava o pátio central, libertou-se Canário e veio ter conosco no acampamento. Apesar de discretamente abatido, vinha com um sorriso nos lábios e com ânimo radiante.

— Não sei o que vejo nos olhos de Canário — disse Borboleta —, mas noto certo brilho que não costumavam ter.

— É o contentamento, amigo – respondeu Canário.

— Caramba! – exclamou Pica-Pau. – O contentamento de ter estado na prisão! Pelo que vejo, o meu amigo não é difícil de contentar-se. Se a prisão lhe é tão proveitosa, podemos pedir ao Chefe que o mande para lá de tempos em tempos para que se lhe recupere o bom humor. Ora, aqui está um rapaz que era taciturno, pálido e lúgubre, não fazia senão dar suspiros e jamais ria. De repente, metem-no na prisão como se fora um bandido. Imagino que vai morrer, dado seu temperamento melancólico. Não dormi dois dias por causa dele e, afinal de contas, temo-lo aqui, disposto e completamente refeito.

— Que gaiatos! — exclamou Canário. — Quem quisesse distraí-los não era capaz de o conseguir e, agora, falando-lhes de coisas tristes, riem como um bando de crianças no circo.

Depois de tantos dias de tristezas e sofrimentos, lampejos de alegria faziam palpitar os nossos corações, predispondo-os para as fortes emoções que a realização da parada devia suscitar-nos. Felizmente, até essa data, nada ocorreu que pudesse abalar a nossa paz; nem pavores, nem ameaças, nem lembranças de coisas tristes, que folgávamos já tê-las esquecido.

A PARADA

Aquele primeiro de maio, apesar de tudo, foi para nós realmente memorável. Acontecimento insólito, porque jamais saíamos ou víamos caras novas, excetuando algumas vezes que saímos em missão. Tudo parecia reverberar. A luz do sol pintava de amarelo vivo uma muralha titânica sobre a qual se postavam *El Tigre* e seus convidados. Para fazer mais solene o evento, foram chamados nomes famosos do comunismo, nacional e internacional, prelados engajados, alguns políticos e numerosos artistas e jornalistas. Diante deles se erguia um imenso painel vermelho, em cujas extremidades havia rostos indiscerníveis, provavelmente os de Marx, Engels e o do próprio *El Tigre*, e no centro uma enorme representação gráfica da foice e do martelo.

A temperatura era alta, o pátio central, onde se realizaria o desfile, estava abarrotado de gente e o ruído e o vozerio eram insuportáveis. Mas quando *El Tigre* apareceu no cenário, com sua maciça figura, severa e altiva, tudo mudou. O ar mormacento, cheio de poeira e fumaça, pareceu clarear-se e purificar-se. Não se ouviam mais nem sussurros nem respiros. O formidável parapeito, que ele chamava carinhosamente de "meu pequeno Kremlin", assumia as proporções de um templo divino.

O discurso do Chefe não foi, como era de se esperar naquela ocasião, uma arremetida contra a burguesia. Preferiu transportar os espíritos para uma região mais alta e falou sobre a missão de uma nova humanidade livre; livre das amarras do poder político e da superstição religiosa; livre das crises econômicas e dos caprichos de um Deus arbitrário que pune no homem as exigências legítimas de sua humanidade.

Todos os presentes estavam conquistados e arrebatados por aquela oratória sonora, comovida, que em alguns momentos se elevava até a sublimidade da eloquência. Quase a cada frase, notadamente perto da conclusão, o discurso era interrompido por exclamações de assentimento e furacões de aplausos. Movido por uma intensa descarga nervosa de exaltação primitiva, um famoso bispo, que acolhia invariavelmente as reivindicações socialistas e as pregava como canônicas, não cessava de gritar emocionado: "Viva o homem! Abaixo a superstição!".

Os rostos já não pareciam os de antes. Cada um dos presentes se elevava acima de si mesmo, num céu ardente de fé profana, visível e vitoriosa. Naquele dia tive a primeira revelação do poder da palavra humana. Um só homem, armado com poucas centenas de vocábulos, podia, em curto espaço de tempo, dominar e converter milhares de almas.

Antes de dar início ao desfile propriamente dito, *El Tigre* quis homenagear três ex-combatentes que, segundo o homenageante, muito contribuíram para a causa da revolução. Ao primeiro foi conferida uma medalha de bronze, pelo excelente serviço prestado como importador de explosivos; ao segundo foi dada uma medalha de prata, pela eficiente e arriscada distribuição dos explosivos e materiais inflamáveis entre os vários focos de guerrilha urbana e rural; foi outorgada ao terceiro, por fim, uma medalha de ouro, porque, com esse material importado, o homenageado deitou abaixo diversas instituições civis e militares, com seus respectivos servidores.

Terminada a premiação, *El Tigre* deu início ao desfile do primeiro de maio. Como este era um decalque servil da solenidade da Praça Vermelha, às tropas e às armas coube o papel de abertura da parada militar.

Um exército, composto pelos três Destacamentos e tropa auxiliar, começou a desfilar, a passos lentos, ante os olhos de uma plateia extasiada, dentre a qual se destacava o agente da KGB que não cessava de pigarrear elogios no ouvido do exultante Chefe. Iam à frente os mais jovens, com perucas louras, volteando bandeiras vermelhas com a efígie de *El Tigre*. Seguiam quatro cavaleiros barbudos, vestidos com couraças brilhantes, sobre cavalos com gualdrapas de veludo vermelho. Estes guerreiros, russos de origem, cheios de plumas e ferros, olhavam orgulhosamente para o "pequeno Kremlin", como se voltassem de uma retumbante vitória, brandindo sabres com a empunhadura dourada. Atrás de todos, vinha a grande surpresa: sobre um cavalo branco, engalanado com faixas pretas, marchava majestosamente uma espécie de semideus, com um manto vermelho sobre a armadura e um séquito de cavaleiros, que levavam insígnias e um imenso estandarte que dizia: "As portas do céu não prevalecerão contra nós". Quando os convidados foram informados, pelo mestre de cerimônias, de quem se tratava, arrebatou-os a mais destampada efusão de alegria, seguida de aplausos e confraternizações como jamais se vira na **A.S.N.** "É ele mesmo?", perguntavam entre si os presentes; queriam uma confirmação formal da boca do Chefe. Este, tomado de uma grande emoção, disse então:

— Sim, é o nosso guru que nos visita. Ele mesmo, a quem devemos a origem e o futuro radiante da sociedade socialista neste país.

Nova irrupção de estrepitosos aplausos, acompanhados de gritos histéricos se fizeram ouvir. Um espião tcheco que, imperturbável, assistia a tudo, pediu reiteradas vezes calma e moderação ao bispo, que estava ao seu lado.

Os ânimos só se acalmaram quando o mestre de cerimônias anunciou o prosseguimento da solenidade com o desfile das armas. Abria-o o chefe do arsenal, responsável pela guarda e manutenção dos armamentos da guerrilha. Baixo e esbelto como um jovem, ainda que quarentão, com um rosto moreno e agressivo, olhos vivos e penetrantes como punhais, era o tipo clássico do agitador, do instigador, do revolucionário nato, do subversivo endurecido. Mostrava com as mãos o que o mestre de cerimônias anunciava com a voz. A um sinal seu foram

Mário Pimentel Albuquerque

introduzidos na pista dois obuses e uma metralhadora ponto 50, armas capazes de abater aviões e helicópteros, todas subtraídas de um quartel da região. Em seguida foi a vez dos instrumentos traumato-pérfuro-cortantes, oportunidade em que se exibiram armas homicidas de todas as épocas e de todas as formas – desde a pedra afiada do homem primitivo ao *boomerang*, desde as cimitarras iranianas às navalhas dos morros do Rio. Sob ovação intensa dos jornalistas presentes, foi introduzida a guarnição de fraudes e plagiatos, composta de instrumentos sofisticados de falsificação, alteração, artimanha, plágio, barataria, trampa, prestidigitação, trapaça, embeleco e cambalacho. Via-se, despontando logo atrás, o pelotão que exibia armas de fogo de todos os tipos, especialmente o que provocou rasgados aplausos da generalidade dos convidados: os cem fuzis Ak 47, todos eles mimoseados pela União Soviética.

O sol já declinava, quando se apresentaram as duas atrações mais esperadas. A primeira, o esquadrão de bombas e explosivos que, ufano, alardeava o título de *O Ceifador*; ostentava um aparato enorme constante de bombas, dinamites, pólvora, granadas e petardos de fabricação caseira, cuja assistência técnica era prestada exclusivamente pelas **FARC**. A segunda, procedente da Coreia, arma extremamente nefasta, de produção e utilização secretas, indicadas especialmente para os casos de grande recalcitrância burguesa, era custodiada pela falange de gases e venenos. Compunha-se de infinita variedade de materiais tóxicos e inflamáveis, tais como: gases sufocantes, lacrimogêneos, vesicantes, gás mostarda, fumaça tóxica, armas químicas e bacteriológicas, gás sarin, ácido cianídrico, napalm e outras armas incendiárias. Não é demasiado registrar que essa falange constituía a menina dos olhos de *El Tigre*, com a ajuda da qual, dizia ele, as bravatas insolentes do individualismo curvar-se-ão ao poder inelutável da massa socialista.

Existem paradoxos que não são absurdas invenções da fantasia humana. No fim da parada militar dei-me conta de que as pessoas que antes aplaudiam entusiasticamente as armas genocidas eram as mesmas que agora falam de amor e de paz. Há, certamente, uma necessidade dialética nesses paradoxos tantas vezes reprisados no século XX, mas devo confessar que se trata de uma dialética diabólica ou, melhor ainda, demencial. A verdade, em minha opinião, é que o gênero humano foi atacado, a partir de então, por uma forma bastante grave de loucura coletiva que, pelo fato de ser comum e universal, não é reconhecida como autêntica demência.

UM ROUBO INOCENTE

    Digno de menção é o fato que ocorreu dias depois da parada e que revela um curioso espetáculo em flagrante contradição com o princípio socialista da igualdade.
    Ficamos sabendo, por Ângelo, que os cubanos faziam suas refeições no pavilhão central e que elas eram preparadas numa cozinha especial, em quantidade e qualidade bem superior às que nos eram servidas. Indignados, Canário e Borboleta atravessaram furtivamente o pátio e entraram na dispensa privativa dos cubanos. "Havia na cozinha um cheiro capaz de tentar um anacoreta", disse-nos depois Borboleta. Este e Canário trouxeram para o acampamento tudo o que puderam segurar com as mãos e transportar num saco. Era de tal modo grande a massa de bens transportada que seria impossível não se descobrir o desfalque na cozinha cubana. Mas não nos preocupávamos então com as consequências de nosso furto inocente. Senta-

dos no chão, disputávamos um grande prato de barro, no meio do qual nadava em espesso molho de mostarda um apetitoso pastelão de frango, do qual se cortavam homéricas fatias que sofregamente devorávamos. Junto do prato havia um corpulento garrafão de vinho. Fora do nosso círculo, viam-se uns poucos ocupados em abrir latas de conservas e em cortar queijos e presuntos; outros, em desfiar espetos de chouriços e salsichas.

De repente, enquanto nos entregávamos a tão deliciosa ocupação, ouviram-se gritos ao longe. Como era natural, em meio à nossa tarefa gastronômica, poucos os ouviram. Um deles, porém, disse, mal podendo falar com a boca cheia.

— Estão gritando.

— É porque já deram com o desaparecimento do jantar – replicou Canário.

Subitamente, os gritos tornaram-se mais distintos e aproximaram-se. Soltava-os um homem que apareceu à porta do nosso acampamento. Todos nós suspendemos o banquete e os preparativos culinários. O recém-chegado poderia ter quarenta anos. Era alto e enfezado. A sua corporatura delgada e ao mesmo tempo musculosa, revelava poder físico e hábito de lutas marciais. Tinha o rosto expressivo tão alterado que chegava a meter medo, ou até mesmo pavor, à vista dos cabelos eriçados que compunham aquela catadura sinistra. Tremiam-lhe de cólera os lábios descorados e empunhava com mão agitada uma faca, grande demais para faca de mesa, mas muito pequena para faca de caça. Este último indício, principalmente, denotava um desses indomáveis furores que só se acalmam com derramamento de sangue.

— O que significa entrares aqui de faca em punho? – perguntou Sabiá.

— O Chefe! Onde está Ângelo?

— Não está aqui. Mas eu respondo pelo Destacamento B na ausência dele – retornou Sabiá.

— Não és quem me convém – replicou o recém-chegado, com uma espécie de desdém aristocrático. – Quero o mais alto, o mais importante, que tenha poder para castigar.

— Conta-me o que desejas que eu transmitirei a Ângelo.

— Venho pedir vingança.

— Começa então por jogar fora a faca. Vingança a favor de quem? – continuou Sabiá.

— De mim e dos meus – respondeu o estranho, guardando a faca.

— Quem és?

— Chamo-me Valentim. Sou o Chefe do Destacamento C.

— Contra quem clamas vingança?

— Contra os subordinados de Ângelo. Portanto não compete a ti dirimir a controvérsia.

— Eu repito mais uma vez. Na ausência do senhor Ângelo, sou eu quem aqui comanda, e estou disposto a fazer-te justiça, apesar das tuas maneiras grosseiras.

Valentim mordeu os lábios, carregou as sobrancelhas, cerrou os punhos; porém, subjugado pelo sangue frio e pelo vigor de Sabiá, no qual não tremera um músculo e cujo olhar incisivo o ferira como a ponta duma lança, respirou, concentrou as ideias e disse:

— Eu repousava no meu quarto, que é contíguo à cozinha, quando ouvi ruídos de passos e vozes. Indivíduos estranhos haviam entrado à força na dispensa, arrombaram os armários e roubaram-nos tudo que puderam carregar, inclusive o nosso jantar de hoje.

— Estão aqui os culpados? – indagou Sabiá.

— São alguns membros do teu Destacamento.

— Mas as provas, as provas do que diz, senhor Valentim?

— Que vão à cozinha do nosso Destacamento, não os teus iguais, porque terminariam o que ali começaram, mas o Chefe... E a sujeira há de falar, o chão imundo há de denunciá-los.

— Contra o atrevido que assim maltratava todo o corpo de nosso Destacamento elevou-se um murmúrio de indignação. Sabiá, revoltado, disse a Valentim:

— Basta, basta. Sou paciente, mas até certo ponto.

— Oh! Ameaças-me? – disse Valentim com um sorriso sinistro. – A que ponto chegamos! Ameaçar o queixoso.

— Senhor, abusas das vantagens da tua posição. Se fosses igual, se teu Destacamento não gozasse da preferência do Chefe, não terias nem esse azedume, nem essa sede de vingança.

— Quando isso assim fosse – disse Valentim –, era mais uma razão para me protegeres.

— Tens razão. Serás protegido. Há pouco falavas em reconhecer os culpados. Eis aqui todos os camaradas do nosso Destacamento. Passa revista, encontra os responsáveis.

— Poderias poupar-me esse trabalho – murmurou o feroz queixoso. Homens honrados denunciar-se-iam.

— Parece-me que não deves esperar que o façam – disse Sabiá. – A pena é de tal modo cruel e desproporcional que faria emudecer aquele a quem a consciência levasse a denunciar-se.

— Sim, conheço qual é a pena – disse Valentim. – E exijo a sua rigorosa aplicação.

— Depois de teres reconhecido os culpados e provado seus crimes.

— Seja! Isso não levará muito tempo.

E dizendo essas palavras, com uma alegria que irradiava seu pálido rosto, Valentim volveu o olhar para nós todos, que, automaticamente, como se aquele olhar nos queimasse, recuamos e formamos linhas irregulares, por entre as quais o vingativo visitante começou a caminhar lentamente, como se passasse uma revista. De repente,

MEMÓRIAS DE UM GUERRILHEIRO

parou, fitou um dos nossos e, voltando-se para Sabiá, disse-lhe:

— Aqui está um!

Era Borboleta, a quem designava, tocando-lhe com o dedo no peito.

Quase ao mesmo tempo, estendia o braço para Canário, dizendo:

— Eis o segundo!

Os dois acusados protestaram. Do atônito grupo elevava-se um rumor ameaçador.

— Como reconheces esses homens, a quem, segundo declarou, só viste por trás? — perguntou Sabiá com simplicidade.

Sem dar resposta, Valentim apontou para a camisa de Borboleta, onde havia restos da farinha utilizada no preparo do pastelão.

Canário foi identificado pela cor e pela elevada estatura. Bastavam tais provas a espíritos demasiado convencidos para forjar uma condenação. Ninguém fez a menor observação, nem mesmo os próprios acusados.

— Estás convencido das minhas razões? Foste convencido agora de que ambos são rematados ladrões? — perguntou arrogantemente Valentim.

— Não estou convencido de nada. Quer saber? Estou farto de tuas fanfarronices e de tua ferocidade. Aquele a quem chamas de ladrão não são para mim mais do que homens esfomeados que não tiveram o privilégio, concedido aos teus, de pertencer à elite dirigente desta organização.

Antes que Valentim tivesse tempo de responder a esse novo e rude ataque, ouviu-se a voz de Ângelo, que chegava à porta do acampamento. Este ouvira de Sabiá a cena da acusação e o encarniçamento do acusador. Ângelo já conhecia a sua arrogância e preparava-se para mostrar-lhe que sabia também ser arrogante. Mediu Valentim de alto

Mário Pimentel Albuquerque

a baixo com a fria autoridade dos justos, diante da qual todo orgulho se humilha e todo argumento se cala. E disse:

— O que lhe tiraram?

— O jantar e alguns mantimentos – respondeu Sabiá.

— E o que quer o queixoso?

— Exige a execução do regulamento da guerrilha, que prevê a pena de calabouço para os casos de roubo.

Ângelo fez um movimento com os ombros, que não revelava grande respeito pela letra do regulamento.

— O calabouço, unicamente por causa de um jantar!

— Sim, senhor, por causa de um jantar. E veja que nem sequer comeram tudo. O senhor Valentim pode levar de volta o que sobrou.

— É justo – disse Ângelo. E aproximando-se de Valentim com as mãos atrás das costas, prosseguiu:

— Vou fazer-te uma proposta, e aposto que não protestarás depois de ouvi-la. Leva de volta o que sobrou e esquecemos tudo.

— Teu ajudante prometeu-me fazer justiça – respondeu Valentim.

— Sabiá é um filósofo, um homem educado e hábil quanto a palavras e artigos. Pelo que se vê, teve a paciência de escutar-te e cedeu-te espaço para reflexões. Eu, porém, sou mais prático e ao meu temperamento repugna os teus afetados escrúpulos. Tu és igual a todos os socialistas deste país. Como eles, desejas o comunismo para maioria e o capitalismo para uma seleta minoria, da qual pretendes, tu e teus subordinados fazerem parte. Quanto a mim e aos meus, as migalhas bastam, desde que te assegurem os privilégios e vantagens que, de outro modo e sob um regime justo, tu não os usufruirias. Pois eu vou te dar uma única chance. Olha para aquela bela mangueira. Dentro de três minutos vais ser ali pendurado pelos pés, se dentro de dois não houveres voltado para a tua toca, levando o resto do jantar.

— Alto lá! — exclamou Valentim cheio de assombro. — Sou o Chefe do Destacamento C e tu te esqueces que acima de ti há um comandante soberano e absoluto.

— Comandante? — replicou Ângelo, que já lhe custava controlar-se. — Pois bem, far-te-ei cortar a língua. Não há aqui, neste acampamento, outro comando além do meu. Dei-te dois minutos, velhaco. Toma cuidado, tiro-te um!

Valentim recuou, espumando de raiva, e bateu logo em retirada, com o rosto virado para os homens que o escarneciam; andava de recuo como o gato diante da água.

Os membros de nosso Destacamento não cabiam em si de alegria. Uns batiam palmas com frenesi, outros atiravam travesseiros para o ar. O contentamento era tamanho que erguemos Ângelo nos braços e demos voltas com a nossa preciosa carga, gritando:

— Ângelo é bom companheiro, Ângelo é bom companheiro, ninguém pode negar!

Afinal, depois de tanto tempo, havíamos descoberto um amigo e poderoso aliado.

A VIAGEM A CUBA

    Certa manhã, fomos colhidos por uma notícia aterradora: íamos para Cuba fazer um curso preparatório de trinta dias. Curso de quê? Ministrado por quem? O silêncio era absoluto relativamente a estas questões. Sabíamos apenas que passaportes falsos tinham sido encomendados e que clandestinamente sairíamos do país por Foz do Iguaçu até o Chile, de onde rumaríamos para Cuba.

Uma semana depois teve início nossa jornada, que terminou em Havana cinco dias após a nossa partida. Pensávamos que teríamos uma recepção calorosa, com discursos, homenagens, vivas e até mesmo com apresentação de dançarinos de rumba com trajes típicos.

Desembarcamos e fomos conduzidos a um *hall*, amplo e silencioso, guarnecido por militares armados com fuzis. Nenhuma manifestação de boas-vindas nem sequer uma faixa comemorativa de nossa chegada. O sossego era de pasmar. O aeroporto estava às moscas. Não se ouvia um ronco de motor, não se via nenhum passageiro, nenhuma mala, nenhum carregador. Apenas uma funcionária, a quem cabia verificar os passaportes e liberar as bagagens.

Conforme nos aproximávamos da saída, começamos a ouvir sons indiscerníveis que vinham da parte externa que circundava o aeroporto. Nosso regozijo foi imenso: por alguma razão política ou administrativa, a recepção que esperávamos dentro do aeroporto fora transferida para as ruas, onde a hospitalidade comunista tinha seu espaço natural.

Havia, com efeito, um vozerio enorme na avenida adjacente ao aeroporto, mas não provinha de brasilófilos nem de entusiastas do futebol ou do samba. Nada mais era que o som estridente e sincopado de berros articulados por profissionais do mercado negro, que tudo vendiam e a todos ofereciam suas esquisitas bugigangas: laranjas, bananas, sexo, dentadura de Fulgêncio Batista e, é claro, charutos. De início, imaginei que fosse uma espécie de camelôs autorizados pelo Estado, mas logo me inteirei da natureza daquele fenômeno econômico. Ao saberem da chegada de um voo internacional, os desempregados, mendigos e prostitutas acorriam ao aeroporto em busca de dólares e de esperança. A venda proibida desses artigos exóticos constituía, então, uma forma encoberta de mendicidade, equivalente às formas universais de estender a mão, fazer malabarismos, mostrar uma criança estropiada, tocar flauta, exibir uma ferida etc.

"O comunismo é o fenômeno mais desmoralizador que se produziu em Cuba desde os tempos mais recuados", disse o motorista que nos levou até a Colônia de Exercícios e Hospedagem. "Enquanto não o tínhamos, confiávamos nele, ainda que fosse como uma saída de emergência, o que nos permitia conservar intacta nossa moralidade. Mas, agora que o temos, não nos resta mais saída alguma. Já não podemos, como antes, em nossos momentos de indignação política, gritar: 'Viva o comunismo!', porque hoje, esse grito careceria de sentido. O comunismo nos tirou a ilusão do comunismo".

Em Havana não havia uma forma generalizada de se perder tempo. Existia um afã comum e irresistível de ganhar dinheiro para sobreviver. Os velhos, os vagabundos e os poetas eram vistos como exemplos de intolerável mendicidade; dir-se-ia que havia uma rejeição institucional à ociosidade filosófica. Que fazer quando a jornada laboral termina? Que fazer para não se fazer nada? Em alguns lugares, o município se preocupa com os desocupados, com os poetas, filósofos, idosos e os vagabundos, criando, para eles, espaços adequados para o exercício da poesia, da filosofia, da recordação e da preguiça, e o resultado do ponto de vista intelectual e social é sempre altamente positivo.

Coisa diferente ocorre em regiões onde o trabalho se confunde com o esforço físico. Aqui, a verdade não se busca pelo pensamento desinteressado, mas ela é construída com o trabalho físico, com a *praxis*.

Havana, realmente, mais do que uma cidade, era uma grande fábrica. Lá se supunha a inexistência do ócio e dos ociosos. Supunha-se, enfim, que não se deve perder tempo. Até mesmo nas diversões privadas se exigia uma energia prodigiosa. Nas reuniões entre amigos não havia como permanecer parado. Era preciso dançar uma espécie de luta livre coreográfica. O homem agarra a mulher, a agita, a rodopia, a sacode como se fosse uma almofada e, depois de tê-la desconjuntado todas as articulações, faz um pacote com ela e a põe debaixo do braço. Logo depois, no momento mais inesperado, a desempacota e a exibe de novo, viva e saracoteando, à vista de todos. Às vezes, um dançarino, tomando sua parceira pela mão ou pelo joelho, põe-se a traçar com ela círculos vertiginosos no ar, o que, indubitavelmente, constitui um espetáculo assaz empolgante. Mas ai dos dançarinos que se achem compreendidos em seu raio de ação! Frequentemente, alguns deles resultam lesionados com maior ou menor gravidade e então todos se dispõem a fazer o mesmo com as mesmas armas e o lugar da cena se converte numa verdadeira batalha campal.

Afinal, chegamos ao nosso destino, uma vasta granja, onde iríamos passar os próximos trinta dias. A bem da verdade, era uma fortaleza, e como toda fortaleza, era flanqueada por torres imensas, que serviam de suporte a uma extensa cerca de arame farpado. A principal dessas torres, na porta central, chamava-se a *Garganta*, que era contígua a outra longa e estreita que fechava a escada para a torre principal, de modo que era impossível entrar ou sair da fortaleza, sem ser previamente observado e autorizado. As seteiras e janelas das torres do norte davam para o mar e as torres do sul davam para as montanhas. No rés do chão, formava a torre uma sala redonda mais ou menos de três metros de diâmetro. Por cima, habitava a sentinela, velho militar estropiado que as vicissitudes revolucionárias tinham esquecido naquele lugar tão lúgubre e pouco importante.

Da habitação daquele fiel servidor da revolução desfrutava-se de uma vista magnífica do mar, com toda a imensidão de um horizonte de muitas léguas.

A sala debaixo era a do corpo da guarda. As paredes nuas tinham por ornamento apenas pregos enormes destinados a suportar as armas, fixados conforme o capricho ou a estatura do guarda ou miliciano.

Na manhã daquele dia, depois de nomeada a guarda, determinaram-se os instrutores que nos adestrariam na prodigiosa arte de matar. Um instrutor para cinco recrutas, aquele assessorado por um bedel, que poderia ser um deles.

Antes do início dos trabalhos houve uma palestra proferida pelo diretor da colônia. Era um homem magro e enérgico, com uma mancha vermelha no rosto, inteiramente vestido de preto, em cujo peito luzia um sem-número de medalhas outorgadas por bravura em combates. Falou sobre o regimento interno da colônia, dando muita ênfase às punições por eventuais transgressões. Apresentou-nos os alojamentos, que consistiam em beliches enfileirados ao longo de um amplo corredor, que dava num banheiro comum. Por fim, deixou consignadas algumas palavras preliminares sobre a instituição.

— Vocês sabem, indubitavelmente, que o homicídio está ocupando um lugar de destaque entre os fatores dominantes e determinantes da vida moderna. Cada dia aumenta a necessidade de se consolidar a riqueza e o poder político, e por isso aumenta também o número dos homicídios, porque a supressão de vidas humanas é um dos meios mais rápidos e importantes para ocupar espaço, tanto no amor como na política. Se há um rival que disputa com você os favores de uma mulher, matando-o você suprime a metade do problema. Em política ocorre a mesma coisa. Urge eliminar a concorrência, porque os que desfrutam o poder vendem caro sua deposição. Mas o que se pode observar, notadamente no seu país, é que ao incremento dos assassinatos não corresponde um seguro progresso científico na técnica do homicídio. Ainda se mata mal, porque não existe, ou melhor, não existia, um ensino sistematizado, com metodologia científica, que pusesse à disposição dos ditadores a arte da eliminação sem deixar resto. Muitos assassinos não obtêm reconhecimento profissional e por isso abandonam precocemente a profissão; outros a abandonam também porque não dispõem de recursos nem de escolas especializadas nesse setor.

À vista de tantos obstáculos, a Revolução decidiu fundar este Instituto, que tenho a honra de presidir. Nesta escola de altos estudos queremos atender à instrução profissional e ao adestramento prático dos jovens que querem consagrar-se à grande arte do assassinato e que estavam até hoje submetidos às receitas prontas de um ensino casuístico.

Durante os trinta dias em que estivemos na Colônia, aprendemos a manusear armas de todos os tipos. Fomos adestrados na técnica do estrangulamento, do seciona-mento da garganta e do sufocamento branco. Instruiu-se--nos na arte de mentir, caluniar e difamar, principalmente na de negar, negar sempre, negar em qualquer ocasião. Havia também aulas facultativas de Toxicologia, para os entusiastas do veneno; de Metalurgia, que ensinava a trans-formar qualquer objeto metálico numa arma pontiaguda; e de Química, dedicada ao estudo dos ácidos e dissolventes, auxiliares preciosos, segundo nosso instrutor, na dissolução integral de cadáveres.

Os exercícios físicos eram totalmente diferentes de tudo quanto eu já tinha visto até então. Éramos exercitados na corrida, no salto e na escalada, de modo que se podia perfurar uma barriga ou cortar uma garganta correndo, saltando ou escalando. Para os alunos mais avançados, disponibilizava-se curso de formação profissional de ver-dugos. Este curso tinha a duração de um ano e era muito procurado em razão da demanda crescente desses pro-fissionais em alguns países amigos de Cuba. As aulas de Técnica de Execução eram muito frequentadas e acontecem em dias fixos, três vezes por semana, cada um para uma única disciplina. A segunda-feira estava destinada à aula de enforcamento; a quarta-feira, ao fuzilamento, e a sexta-feira, à cadeira elétrica. O aluno que tivesse predile-ção por outras formas de execução, tais como: lapidação, empalamento ou decapitação, poderia comprar apostilas com instruções pormenorizadas e sempre atualizadas do respectivo suplício. No final do ano, além do certificado de conclusão do curso, o aluno aprovado era agraciado com a oportunidade única de colocar em prática tudo o que aprendeu durante o período de ensino: era-lhe confiada, na presença de seu mestre e de inúmeros convidados, a execução de um perigoso delinquente, especialmente escolhido dentre alguns traidores, desertores e prevaricadores públicos.

Assim, eu, que havia prometido a Deus e a mim mesmo jamais matar, mentir, ofender, caluniar, enganar, corromper, isto é, quase todas as más ações que perdem os homens, via-me agora, por razões de sobrevivência, compelido a tornar-me um requintado assassino, um vil mentiroso e um rematado falsário. Lembro-me, ainda, de uma aula prática que me provocou tal repugnância que estive a ponto de vomitar. Ernesto, nosso instrutor, exigia que cortássemos a garganta de um boneco de massa. Mas tínhamos de fazê-lo correndo e de um só golpe. Por mais que tentássemos, não conseguíamos realizar, ou por escrúpulo ou por nojo, aquela ação que ele, Ernesto, executava com tanto desembaraço e maestria. Dizia ele, então:

— Vocês não parecem ser compatriotas de Zezito. Zezito era um exímio cortador de gargantas. Suas peritas e robustas mãos não hesitavam em obedecer aos comandos do cérebro mais superior e tecnicamente homicida que eu já vi.

Em outras oportunidades acontecia o mesmo. Diante de uma falha ou de um insucesso nosso, seja porque não sabíamos como quebrar um pescoço, seja porque vacilávamos diante de um estrangulamento, seja, ainda, porque não conseguíamos decapitar com uma machadada firme, era sempre a mesma ladainha:

— Vocês nunca chegarão a um nível igual ao da precisão e frieza de Zezito. Zezito fraturava qualquer membro com espantoso rigor cirúrgico. Era mestre no estrangulamento e decapitava com a perícia refinada de um ninja. Não peço que vocês tenham idêntica capacidade de matar, que em Zezito era uma vocação particularíssima, um dom sublime da natureza, mas que se empenhem seriamente nessa arte milenar, tendo sempre Zezito como modelo e exemplo a ser seguido.

"Quem seria esse Zezito, tão festejado na Colônia?", perguntava a mim mesmo. Hoje estou convencido de que quem quer que tenha sido ele, Zezito foi, indubitavel-mente, um aluno muito aplicado e bem-sucedido na arte de espalhar o luto.

No nosso último dia em Havana tivemos o tempo livre. Ernesto nos sugeriu um evento imperdível na cidade.

— Assim como a Noite de Tango, em Buenos Aires, ou o desfile das Escolas de Samba, no Rio, temos aqui nossa atração nacional, para a qual concorre o grosso da popu-lação a fim de se divertir e se confraternizar no mundial-mente conhecido *point* noturno da sociedade havanesa, denominado El Paredón, com suas ruidosas atrações. A entrada é livre e dá direito a uma foto autografada do nosso grande benfeitor.

Cansado, recusei cordialmente a sugestão. O meu corpo pedia descanso, a minha alma, reflexão.

A REFORMA AGRÁRIA DE *EL TIGRE*

  As lembranças daqueles dias de horror ainda estão muito vivas na minha mente. Mas nenhuma ficou tão dolorosamente registrada como a relacionada à "política" de reforma agrária que *El Tigre* quis implantar antes mesmo de empolgar o poder. Nunca a paródia fora levada a tão alto grau de perfeição.

— Stalin — disse ele — ensinou que a reforma agrária deve ser feita da forma menos onerosa e mais simples possível, ou seja, pelo extermínio sumário dos proprietários.

Apoiado nessa doutrina medonha, o *staff* guerrilheiro, com a ajuda de um mapa e de certidões cartorárias, passou a examinar a situação topográfica e patrimonial das grandes propriedades da região. Uma logo saltou aos olhos. Tratava-se de uma fazenda de gado, toda mecanizada, que produzia laticínios. *El Tigre* e seus conselheiros foram ao local ver de perto a presa por abater. Nesses tempos de astúcias e emboscadas, o recurso familiar aos grandes conspiradores era sempre a mentira e a simulação. Fingiram-se de interessados na aquisição da propriedade e solicitaram uma entrevista com o proprietário. Depois da entrevista e sabendo de antemão que sua proposta seria recusada, *El Tigre* deixou o local radiante e absolutamente convencido de que sua escolha fora a mais acertada.

A fazenda se comunicava com a estrada por dois pavilhões com janelas de pedra lavrada e balaústres de ferro forjado, cujo industrioso trabalho figurava arranjos de frutos e de flores. Uma porta de cerejeira maciça esculpida, com caixilhos facetados como os diamantes, defendia e adornava a entrada, sob o nicho de pedra com colunas torneadas. Era, ao mesmo tempo, de um aspecto exuberante e de elevado bom gosto.

De mais a mais, a propriedade em questão possuía duas características que trabalhavam mutuamente, de modo a fortalecer no Chefe a convicção de que expropriá-la seria uma empresa fácil: era desguarnecida e sua administração estava confiada a um casal de idosos.

De volta ao seu gabinete, *El Tigre* convocou imediatamente os homens que iriam participar do assalto à fazenda. Eram os dez cubanos, três elementos do Destacamento A e três do B, todos sob o comando de Valentim. Do nosso Destacamento foram escolhidos Canário, Sabiá e Beija-flor.

Nas primeiras horas da manhã do dia seguinte, dois batedores abriram uma brecha por onde Valentim iria entrar com seus homens. Envenenaram os cães e, após certificarem-se de que não havia perigo a temer, sinalizaram para que a ação tivesse prosseguimento. Os homens de Valentim então ocuparam a fazenda por meio dessa passagem secreta e se apoderaram dos proprietários, que ainda dormiam. Ato contínuo, Valentim praticou um ato ao mesmo tempo cruel e disparatado: encarregou um dos cubanos da execução dos idosos. O barulho dos tiros despertou a atenção e alimentou a suspeita de uma coletividade que habitava um troço de terra encravado na propriedade principal. Eram uns trinta homens, com as respectivas famílias, que serviam e faziam a segurança dos idosos. Todos correram a apoderar-se das armas. A alguns metros dali depararam com os cadáveres de seus patrões e compreenderam então os mistérios reservados àquela nefasta manhã.

Aos gritos, correram todos em direção à casa. Todos os rostos respiravam ódio e vingança. Mostravam uns aos outros como ferir e descarregaram ao mesmo tempo a munição contra os invasores, que, atordoados, precipitavam-se pela janela, já quase sem vida. A partir de então o combate transformou-se em carnificina. Quando os vingadores ocuparam a casa, já cinco cubanos juncavam o chão da sala, ou feridos na garganta ou no coração, todos rotundamente mortos. Os três homens do Destacamento A tiveram a mesma sorte. Dos nossos, Canário, gravemente ferido, tentou escapar, escondendo-se no jardim, mas foi descoberto e executado.

Somente Valentim, cinco cubanos, Sabiá e Beija-flor lograram escapar com vida. Os dois últimos erravam por entre o matagal, cansados e assustados, sem saber onde estavam ou para aonde ir. Valentim, por sua vez, sabia que os dois haviam sobrevivido e deixá-los escapar significava atrair para si a cólera de um chefe implacável e intransigente com o erro alheio. Decerto, a perseguição de ambos não constituía uma tarefa impossível, mormente porque os perseguidores levavam uma vantagem considerável sobre os fugitivos, vantagem exatamente igual a que há entre o desempenho de um motor e o de um pulmão. Valentim, astutamente, havia deixado a camionete que os transportara até a fazenda à margem da estrada para qualquer eventualidade.

Ali perto repousavam, numa espessa vegetação, os dois sobreviventes do Destacamento B. Sabiá, depois de algumas horas de sono, acabava de se recordar de tudo. O coração batia-lhe frouxamente, a cabeça doía-lhe bastante e parecia não poder coordenar as ideias. Uma dor atroz, igual à queimadura dum ferro em brasa, corria-lhe todas as fibras do corpo. Como tinha uma sede horrível, fez uma tentativa desesperada de encontrar nas folhas o suficiente orvalho para molhar a língua. Ao seu lado, Beija-flor dormia profundamente. Na verdade, deixara-se vencer, depois de lutar duas horas contra o sono, por um cansaço superior às forças humanas. Sabiá respeitou o mais que pôde o descanso do amigo, mas logo se convenceu de que o melhor era deixá-lo ali ao abrigo de predadores e do encalço de Valentim. Tinha consciência de que o risco era enorme e mínimas as probabilidades de fuga se optasse pela estrada. Mesmo assim resolveu corrê-lo. Antes de partir deixou um bilhete para Beija-flor, que dizia:

> Caro amigo,
>
> Este é o momento de nos separarmos. Provavelmente, quando despertar, eu já estarei longe. Não tente seguir-me. Permanecer aí até o amanhecer, reside a sua única chance de salvação. Estou orgulhoso de você e muito feliz por ter-lhe como amigo. Boa sorte e até breve.
>
> Sabiá.

A noite caía quando Sabiá pegou a estrada deserta. Caminhava apressadamente, não para tentar escapar, mas para levar para longe do local que jazia Beija-flor o encontro que sabia inevitável. Tinha consciência de que quanto

MEMÓRIAS DE UM GUERRILHEIRO

mais depressa se afastasse dali maior seria a chance de sobrevivência do amigo. Quanto a si mesmo, sabia que estava irremediavelmente perdido. Valentim não descansaria enquanto não o prendesse ou o matasse.

Mergulhado nesses pensamentos e já bem distante do local da partida, nem sequer percebeu que estava sendo seguido. À margem de uma estrada vicinal, sentou-se e descansou as pernas. Daí a pouco uma Kombi parou à sua frente, três homens armados desembarcaram e correram em sua direção, com grande escarcéu, de modo a tolher-lhe qualquer possibilidade de fuga.

— Mãos para cima e não resista! − gritou Valentim.

Valentim esperava que Sabiá, à maneira de um homem vulgar, fosse ocultar-se numa moita ou atrás de uma árvore, mas enganou-se. Sabiá estava em pé junto de uma grande pedra, sobre a qual há pouco se sentara. Ouvira a advertência estridente de Valentim e estava pronto para tudo.

— Vejo que não tens valor nem mesmo para tentar escapar − disse Valentim.

— Eu vejo também que não conseguiste realizar a tua reforma agrária − retrucou Sabiá.

— Cadê teus comparsas?

— Canário e Beija-flor foram descobertos e executados em seus esconderijos.

Ao aspecto do inimigo, Sabiá compreendeu o perigo que o ameaçava, pressentiu a luta, e em vez de continuar em pé, onde estava, dirigiu-se para o meio da estrada.

— Com quê então tu estavas me esperando! − disse Valentim com voz estridente, que fez estremecer Sabiá, como se fora o silvo de um réptil.

Este procurou instintivamente por um canivete que trazia no bolso, mas deteve-se, receando mostrar-se inquieto.

Valentim percebeu essa hesitação e arregaçando as mangas da camisa, esmagou Sabiá com um olhar irônico e ameaçador.

— Temos uma pendência a resolver desde o nosso primeiro encontro. Naquela oportunidade escapaste-me — acrescentou Valentim —, mas não há de suceder o mesmo agora.

Durante esse tempo, Sabiá apertava o cinto e conferia os punhos, encarando com um sorriso de desprezo a hábil manobra de seu oponente.

— Não me atemorizam as caretas dos teus jagunços nem os excessos de teus gestos caricatos.

— Não foste executado esta manhã como foram teus parceiros e cúmplices, mas vais ser esquartejado esta noite.

Dizendo isso, Valentim, brandindo a faca, baixou a cabeça como um touro que se arremessa contra uma ameaça.

Servindo-se dos braços como duas tenazes, Sabiá torceu o punho de Valentim, desarmou-o, jogou a faca no chão e agarrou o homem pela garganta; os seus dedos nervosos incrustaram-se na carne e sob aquela terrível pressão, as bochechas de Valentim injetaram-se de sangue, os olhos abriram-se desmesuradamente e a escuma assomou-lhe aos lábios. Caiu — ou fingiu cair — e apanhou a faca.

De repente, Sabiá soltou um grito, abriu os braços e cambaleou. O assassino enterrara-lhe a faca no peito. Valentim, livre, com suor no rosto, saltou para trás, deixando o adversário debater-se no chão, com uma profunda ferida, donde o sangue jorrava em abundância. Sabiá quis ainda mover o braço para agarrar o canivete, mas esse movimento acabou de lhe extinguir as forças. Passou-lhe pelos olhos uma espécie de névoa, fecharam-se-lhe os olhos e morreu murmurando:

— Pai... Pai...

A notícia das mortes de Canário, Beija-flor e Sabiá foi recebida no acampamento com horror e indignação. Os homens, sentados no chão e apoiados nas camas, curvavam-se sombrios, desanimados, rendidos, sob o peso de pungentes recordações dos companheiros mortos. Alguns tinham com eles objetos pessoais deles; suas camas arrumadas e a visita inesperada de Ângelo completavam o quadro. Podia ler-se em cada rosto o terror, o desespero e o desamparo.

    Ângelo, caído do alto de sua superioridade hierárquica, não era agora mais do que um parceiro desconsolado, cuja grandeza consistia em padecer a mesma dor que afligia seus subordinados. Cercado agora de seus amigos, pálidos como ele, conservava-se calado e só pensava em respostas para as suas dúvidas.

UMA GRANDE SURPRESA

Dias depois de nossa chegada, Borboleta, que estava pensativo e visivelmente preocupado, perguntou a Ângelo se não seria possível passar a noite na laje que cobria o teto do acampamento, pois pretendia ler durante a madrugada e não queria incomodar os colegas.

Ângelo respondeu que por cima do acampamento havia espaço suficiente e até algumas cadeiras, muito embora não fosse lá um local indicado para se dormir.

Depois que Ângelo saiu, Borboleta voltou-se para os demais e disse:

— Silêncio! Devemos falar baixo.

Todos olharam admirados para ele, não convencidos das razões aduzidas para pernoitar na laje, até porque não havia livros no acampamento.

— Antes de subir para a laje — disse Borboleta — ficarei na janela. Cubram-se bem por causa do frio da noite, porque é preciso que a janela fique aberta.

— Não compreendo — disse Pica-Pau.

— Mais tarde compreenderá — respondeu Borboleta.

— Mas — exclamou Pica-Pau, levantando-se — desde ontem que noto em você um certo ar de mistério que, francamente, me espanta. Ontem à noite também espreitava pela janela; de repente, vi você se inclinar, observar, deitar-se de bruços, depois apagar a luz e ficar de atalaia.

— É verdade — disse Borboleta, agitado.

— E hoje a sua recusa de comer, o seu pedido para dormir na laje...

Borboleta apagou a luz e acendeu uma velha lamparina, de modo a se beneficiar da penumbra, sem se privar de luz na ocasião necessária.

— Lá vem você com suas manias... Há, certamente, alguma coisa de extraordinário que não quer revelar.

— Se há! — replicou Borboleta em voz baixa. — Mas nada disso tem a ver com vocês por enquanto.

— É então bem terrível o que está sucedendo? — indagou Pica-Pau.

— Pode vir a sê-lo.

— Seria por isso que pediu ao Ângelo para dormir no teto? O pretexto da laje pareceu-me um pouco frívolo.

— É verdade, Pica-Pau, porque da laje é mais fácil saltar para o jardim sem ser visto.

— Meu Deus! Saltar para o jardim! Vamos, conta-nos depressa de que se trata.

— Mais tarde, depois de tudo feito.

— Bem vê que nos conservando assim faz mil vezes pior, porque a impaciência termina o serviço que a curiosidade miseravelmente começa – insistiu Pica-Pau.

— Pois bem, há duas noites que entra um homem no jardim.

— Quem?

— Se eu soubesse pode crer que eu não estaria nem assustado e nem confuso.

— É preciso avisar o Ângelo – disse Seriema.

— Ah! Sim, para o meu plano falhar? Nada disso.

— Que quer dizer? – perguntou Pica-Pau.

— O homem aparece lá embaixo ao fundo, no muro. Sempre observando, espreitando como o cão que fareja a caça, curvando-se e escolhendo a espessura das árvores para se ocultar.

— É inacreditável! – exclamou Seriema. – Borboleta quer enxergar um visitante noturno em meio a um bosque fechado.

— Eis a minha ideia – disse Borboleta. – Se o rondador noturno for, como suponho, um espião, ou algum dos esbirros do Chefe, há de voltar, entocar-se no mesmo lugar e melhorar até um pouco o seu plano a fim de se aproximar de nós. De repente, salto-lhe em cima desde a extremidade da laje, que está só a uns três metros do solo. Há de ser uma coisa magnífica, meus caros.

— Agiremos de concerto, então? – indagou Pica-Pau.

— Não! Vocês só entram em cena quando eu o tiver imobilizado. Hão de fazer-me o favor de não atrapalhar meu plano e de não acelerar sequer uma das pulsações do coração. Não correrei o menor perigo, nem empregarei no negócio delicadeza alguma. Quando se trata com gente dessa espécie não se põem luvas de pelica. Salto, agarro-o pela garganta para me certificar de sua identidade e passo-lhe esta corda ao redor do corpo. Aí, então, vocês fazem o resto. Não peço mais do que um minuto para fazer tudo isso.

E tendo respirado um pouco, acrescentou:

— Mas é preciso prever tudo. Talvez eu seja vencido nesse combate. Difícil é, impossível não, mas dos covardes deve sempre temer-se alguma traição. Pode escorregar-me um pé ou posso enterrar-me em algum punhal que esses velhacos costumam sempre trazer nos bolsos. Nesse caso, pegue Seriema a minha faca. Sempre há de ter força para conservá-la nas mãos. O bandido, depois de me deitar por terra, há de querer matá-los, mas encontrará então a ponta da faca e terminará os seus dias exatamente como os começou, isto é, sangrando. Se eu respirar ainda, advirtam-me com um grito, e o meu derradeiro suspiro será uma bela gargalhada.

— Que imaginação! – disse Pica-Pau.

Nesse momento, o relógio do acampamento marcava dez horas.

— Chut! – murmurou Borboleta. – É mais ou menos a hora de sua ronda.

Borboleta subiu em seguida para laje, em cuja extremidade se ajoelhou. A noite estava magnífica. As janelas do pavilhão central cintilavam aos primeiros raios da Lua; toda a parte do jardim contígua ao acampamento estava mergulhada em profunda escuridão. Só a cabeça de Borboleta se via no parapeito da laje e esta o ocultava por detrás de um grande vaso de samambaias.

Seriema deitava curiosamente a cabeça pela abertura das cortinas e estendera para fora da janela o braço armado da faca.

Borboleta, como um caçador furtivo que espreita a caça, moveu para trás a mão direita e murmurou:

— Vejo alguma coisa.

— Com efeito, um homem, cujas longas pernas percorriam o caminho junto ao muro, curvando as costas como para fugir à luz da lua, atravessou o jardim e entrou na álea de mangueiras que defrontava com o acampamento. Deteve-se a uns cem passos deste e observava. Já se ouviam soar seus passos sobre a areia. Os corações dos rapazes batiam com tal força que, apesar de todas as precauções de Borboleta, o êxito do plano corria grande risco.

O desconhecido agachou-se por detrás de uma mangueira que o ocultava completamente e depois de dirigir múltiplos olhares para diante e para trás, como fazem os pardais que receiam apanhar-se em flagrante delito de roubo, aproximou-se do acampamento pé ante pé, a cinco ou seis metros da janela.

Borboleta, fremente de impaciência, de cólera, de todas as paixões ferozes que provocam no homem a sede de sangue natural aos tigres, não quis esperar mais tempo. Com a corda numa das mãos, estendeu os braços para tomar um impulso mais nervoso e saltou em cima das costas do misterioso visitante, que, apesar de enorme, ficou paralisado pela inesperada ação. Borboleta pegou-o pela garganta, envolveu-o com uma corda, conforme o seu plano, enquanto os demais completavam a imobilização. Tudo isso, suportava-o impassível o visitante.

— Agarramo-lo enfim, ladrão!

Pica-Pau trouxe a lamparina e aos olhos de todos, descerrou-se um espetáculo comovente.

— Não é um espião! Não é um ladrão! – exclamou Pica-Pau, vendo uma figura gigantesca, que se continha para não dar uma sonora gargalhada.

— É Macuco! – disse Pica-Pau.

De repente, a alegria tomou conta do acampamento. Abraçaram-se uns aos outros, entre choros, risos e confidências. Macuco contou detalhadamente como escapara à vigilância de *El Tigre* na noite do atentado no Rio. Abruptamente, interrompeu sua narrativa e disse:

— Não estamos todos aqui. Faltam três.

Entre soluços, Pica-Pau explicou as ausências de Sabiá, Beija-flor e Canário. Seguiu-se, então, um longo e significativo momento de silêncio, que só foi quebrado pela intervenção de Borboleta, de todos o mais prático e decididamente objetivo. Disse ele em tom de gracejo:

— Parece-me que as pessoas honradas não passeiam de noite em jardins alheios. O amigo produziu-me antes o efeito de um ladrão.

— Não é como guerrilheiro que voltei aqui. É como vingador.

— Tínhamos até formado o projeto de matar o intruso — disse Borboleta. — É para mim grande alegria vê-lo são e salvo. Um segundo a mais e já não era deste mundo. Mas nos conte tudo.

— Muito bem. Naquela mesma noite em que eu logrei escapar, procurei um quartel do Exército, onde relatei toda nossa experiência ao comandante. A princípio, ele não acreditou; julgou-me um louco ou um comunista com segundas intenções. Com o passar do tempo, o peso dos fatos que eu narrava convenceu-o e, crendo-os verdadeiros, transmitiu-os ao seu superior, um general de Exército, que me convocou imediatamente para depor. Na verdade, o Serviço Nacional de Informações já sabia da existência da guerrilha, mas não tinha ideia de sua localização, nem do perfil do seu chefe. Foi precisamente aí que eu contribuí com os meus depoimentos. Com base neles, os topógrafos e geógrafos do Exército conseguiram, pouco a pouco, juntar as peças e identificar com precisão o local exato da **A.S.N.** Isso levou dias de trabalho e depoimentos, de viagens e sondagens, de tentativas e erros, até que, finalmente, os militares localizaram o que há tantos dias e incansavelmente procuravam.

— Fujamos então — disse Pica-Pau —, que o Exército não deixará que nos persigam.

— Fugiremos na hora certa — ponderou Macuco. — Para isso estou aqui. O Exército cercou toda a área da guerrilha

MEMÓRIAS DE UM GUERRILHEIRO

e a invadirá ao amanhecer, com tropas e tanques. Coube-me a tarefa de evacuar nossos homens às primeiras horas da manhã, para que a invasão se realize sem sacrifício de nossas vidas. Seguiremos a trilha do rio até um barranco à esquerda, onde uma patrulha estará nos aguardando. Portanto tenham à mão tudo o que for necessário para essa longa caminhada, porque partiremos impreterivelmente na hora marcada, oportunidade em que lançarei um sinalizador, dando ciência à tropa da nossa partida.

— Não posso crer que esta será a nossa última noite neste acampamento — falou baixinho Seriema.

— É verdade! – exclamou Pica-Pau. — Se tudo der certo, amanhã comerei um bife com fritas que só minha mãe sabe fazer.

— Vocês estão se esquecendo de algo importante — disse Borboleta, com ar de preocupado. — Vamos partir e deixar Ângelo, para que morra ou seja preso?

Os seis se entreolharam e perceberam logo que nenhuma das alternativas correspondia ao desejo de cada um, que era, indubitavelmente, o de salvar Ângelo ou da morte ou da prisão.

— Ele virá aqui, como faz todas as noites, por volta da meia-noite — lembrou Borboleta. — Então faremos o convite para que parta conosco. Sugiro também que Macuco se esconda. Não se sabe a reação que Ângelo possa ter vendo-o aqui conosco na véspera da invasão.

Tais eram as preocupações que povoavam a imaginação dos seis amigos. Macuco, cansado de vagar pela mata, queria consagrar o resto da noite a um descanso reparador. Meteu-se por baixo da cama que lindava com a janela e já dormia. O digno rapaz respirava profundamente. Depois de tantas agruras, de tantos sacrifícios, de tantos perigos, conseguia, afinal, repousar. Tudo nele descansava, menos o coração que, dilatado pela alegria de voltar para casa, voava para lá, adiantando-se à escolta que lhe faria o Exército no dia seguinte.

Na hora costumeira, Ângelo entrou no acampamento. Parecia trazer instruções da chefia, as quais começavam a detalhar-nos, quando foi interrompido por Borboleta.

— Ângelo, tudo acabou. A guerrilha está inteiramente cercada pelas tropas do Exército e a invasão é iminente.

— Como pode ser isso? – murmurou ele, fazendo-se pálido.

— Os militares invadirão a guerrilha ao amanhecer – advertiu-o Borboleta. – Não há nenhuma chance para quem se obstinar a permanecer aqui. Por isso lhe rogamos que nos acompanhe. Será então um dos nossos e ninguém o molestará.

— Não posso – respondeu Ângelo.

— Como não? – perguntou Borboleta. – Por culpa do Chefe você se vê nessa situação. Será razoável o sacrifício da sua vida quando sabe que o Chefe não faria outro tanto por você?

— Não posso deixá-lo à míngua. Fui fiel nos momentos felizes, quando juntos combatemos e vencemos um inimigo mais poderoso. Minha lealdade não permite que eu o abandone agora, num momento de infortúnio. Como os seus triunfos foram sempre as minhas vitórias, que a sua perda seja também a minha derrota. Eu desejo a vocês boa sorte.

Jamais voltamos a ver Ângelo depois desse breve encontro. Criatura singular, espírito universal. Ângelo, a quem os próprios líderes socialistas procuravam para lhe pedir conselhos, era uma dessas figuras estranhas cuja semelhança nem sempre a história consegue apresentar. O que tal personagem faz abertamente pouco lugar tem nos anais de uma época, mas quem encontrar os vestígios no caminho que ele trilhou para chegar ao seu misterioso fim, quem souber iluminar esse tipo obscuro com a lupa da verdade, decerto há de se admirar, vendo-lhe a nobreza da alma, da proporção gigantesca que um erro pode assumir no íntimo da subjetividade humana. Ângelo, militante dedicado ao projeto político de *El Tigre* e seu agente no círculo socialista, servia-o com uma lealdade cega, cuja causa atribuía ao reconhecimento, e que se pode, sem mentir, atribuir ao fanatismo ideológico da mentalidade esquerdista. Mesmo sabendo-o louco e criminoso, Ângelo se manteve ao lado de seu Chefe e de seu ídolo, ciente de que sua decisão o levaria certamente a morrer com ele. Tomou, portanto, o partido que lhe convinha, e a história aí está para nos dizer se ele se enganou.

A um sinal de Macuco, todos se puseram em pé, conforme o combinado na noite anterior. Munidos de seus pertences, dirigiram-se para o rio onde começava a trilha. Eram seis horas quando Macuco disparou o sinalizador; nesse mesmo instante, iniciou-se a caminhada rumo à liberdade. No pátio central havia uma intensa e desencontrada movimentação, em tudo semelhante ao que nos conta a história sobre a resistência desesperada de cidades sitiadas. Homens correndo de um lado para outro, sacos de terra amontoados nas portas, ruído das armas que se distribuíam aleatoriamente, gritos nervosos de quem queria resistir, lamentos pungentes dos adeptos da rendição – eis a última imagem que ainda guardamos daquele lugar infernal.

Daí por diante não olhamos mais para trás. Imprimíamos uma marcha acelerada por entre o mato encharcado e lamacento que as chuvas do inverno produzem naquela região. De repente, começamos a ouvir um barulho ensurdecedor de tiros e das manobras dos blindados, que rompiam a defesa improvisada da guerrilha; os gritos, ora imperativos ora suplicantes, patenteavam a desordem que grassava naquele local esquecido da civilização. Pouco a pouco, aqueles sons foram diminuindo, de modo que, quando chegamos ao barranco, o silêncio era absoluto. Ali mesmo aconteceu nosso resgate, e teve início nossa longa viagem de volta para casa.

CONCLUSÃO. UM JUÍZO ATUAL DE FATOS PASSADOS

Do ponto de vista pessoal, os meses passados na guerrilha, a despeito do sofrimento que nos causaram, foram indubitavelmente enriquecedores. Se tínhamos até então uma visão bastante incompleta da morte, a convivência com ela fez com que ficássemos de certo modo insensíveis à ideia que o Ocidente associa ao seu nome, isto é, a de perda. Quando se passa a não temê-la, teme-se menos ainda os demais infortúnios que, tão variados na forma e na intensidade, abatem e fazem curvar essa cana pensante que Pascal identificava com o homem. A fome, a pobreza, a dor, o frio, o cansaço, a insônia, não nos incomodavam a ponto de provocarem em nós sequer um desabafo contido ou um leve murmúrio. Esse hábito, criado pela resistência ao sofrimento, que eu poderia legitimamente chamar de virtude, ajudou-nos a dar pesos diversos às diferentes circunstâncias da vida, bem como a empregar mais energia para superar as mais pesadas, de modo a evitar o desperdício, que se traduz em superá-las todas, pesadas e leves, com idêntico esforço.

Evidentemente, a guerrilha não pode ser julgada de forma positiva por um enriquecimento indireto, involuntário e imprevisível que alguns, como nós, experimentaram sob o seu jugo cruento. Seu julgamento, como o de seu Chefe, deve ser feito à luz de outros fatores, dentre os quais avultam o fim que ela perseguia e os meios que ela mobilizou para alcançá-lo. Sua finalidade não era outra senão, exclusivamente, a de implantar a ditadura do proletariado entre nós, com todos os seus crimes e por meio dos meios mais sórdidos e desumanos que a mente humana pode conceber. Servida desses meios, apressar-se-ia a implantação do comunismo e, com ele, a igualdade absoluta entre os homens seria imposta de cima para baixo, como primícias de uma nova era.

El Tigre tinha se embalado com esses sonhos encantadores, justificando-se com a ideia do determinismo histórico, mas, subitamente, com um aceno terrível da sua mão, Deus derrubou o edifício e o arquiteto, e tudo isso, poeira e fumaça, foi reunir-se na eternidade a todos os sonhos de ambição que o ideal perverso de justiça faz nascer e que também destrói.

Afinal, nem palavras, nem louvores, nem riqueza, nem esses ruídos que deveriam acariciar os ouvidos do populacho. Apenas ficou o silêncio da vergonha ou o barulho de uma queda escandalosa, que de ordinário são cobertos pela gargalhada irônica de seus opositores.

Atualmente, está em moda censurar as Forças Armadas por ter enfrentado a guerrilha e tê-la vencido. Recrimina-se o Exército brasileiro por ter feito o que o venezuelano culposamente deixou de fazer, pagando-se, ali, a pérfida omissão com o suborno infame de seus generais. Seria isso acaso efeito da ignorância ou fruto do entorpecimento moral da época? Muitas vezes, os poltrões e os maus usam da imobilidade cerebral como de um recurso; e não poucas vezes se indignam contra a virtude, chamando-a por outro nome ou elevando o seu contrário ao nível da hombridade ou da intrepidez.

Quando seja verdade que se atrai a censura, agindo-se com energia, que censura se deverá recear mais: a dos outros, procedendo bem, ou a própria, procedendo mal? Os militares têm consciência do dever cumprido, porque sabiam, então, que era necessário agir com rigor naquele momento extremo da nossa história.

Dias virão em que uma nova geração, avessa à servidão que a anterior desejava, saberá apreciar com isenção o papel histórico das Forças Armadas nos idos de 64; dias em que surgirão autênticos historiadores, fauna rara, se não extinta, que farão narrativas verdadeiras, baseadas nos fatos da época, jamais na ideologia marxista, em ordem a recuperar a verdade histórica que essa geração teima em abafar; dias em que a mídia podre será calada para sempre, não pela violência das armas, mas pela autoridade e poder que a verdade tem de silenciar, quando se a respeita, os arroubos mentirosos dos furos jornalísticos.

El Tigre logrou escapar da invasão do Exército. Vestido de mulher se esquivou por entre a multidão que se precipitava pela estreita porta que dava para a estrada. Preso posteriormente, beneficiou-se mais tarde com a Lei de Anistia, passando a residir em São Paulo. Membro de partido de esquerda, professor universitário e jornalista respeitado, *El Tigre* conquistou uma cadeira no Congresso Nacional e dava inúmeras palestras sobre democracia nas universidades brasileiras. Foi agraciado como Homem do Ano por uma revista de grande tiragem nacional, cujo título foi bem expressivo: "O grande benfeitor da gente brasileira". Veio a morrer recentemente, ocasião em que foi velado no Teatro Municipal, para onde acorreram numerosos políticos, jornalistas, intelectuais, representante da CNBB e grande multidão de brasileiros, para dar adeus àquele que foi um exemplo de amor patriótico e de abnegado serviço a favor do Brasil e de seu povo.